Inhaltsverzeichnis*

* *Übungsanleitungen sind kursiv hervorgehoben*

CH-8153 Rümlang/Zürich

2. Auflage 2007

Gestaltung: Julia Steiert

Titelfoto: Gertraud Reichert

Druck: Druckhaus Zanker, Markdorf

Printed in Germany

ISBN 978-3-9522591-1-5

Liebe Leserin, lieber Leser,

In der Liebe und Schönheit
liegt das Geheimnis der heiteren Gelassenheit
und im Mut,
Verantwortung für unser Wachstum zu übernehmen.

In diesem Buch teilen wir Erlebnisse und Erfahrungen mit, die das Geheimnis der heiteren Gelassenheit in sich bergen. Ernsthaftigkeit und Humor reichen sich darin die Hand - ob in der Begegnung mit dem Kind, den verschiedenen Lebensphasen, der Natur, den Gipfelerlebnissen oder dem ganz Alltäglichen.

Meditationen und Übungen bieten konkrete Anleitung dazu, die in jedem schlummernde heitere Gelassenheit zu erschließen oder zu vertiefen. In ihrer Ausarbeitung eignen sie sich für den persönlichen Gebrauch und für die Arbeit mit Gruppen.

Wir wollen dich herzlich einladen, auf „Schatzsuche“ zu gehen und unsere Anregungen auf ihre Alltagstauglichkeit zu prüfen.

Gertraud Reichert und Karl Winter

Der Heitere ist der Meister seiner Seele.

William Shakespeare

Beipackzettel

Es steckt viel drin in diesem kurzen Satz von Shakespeare: Zum Meister seiner Seele zu werden hat etwas mit gelebtem Leben, mit Krisen, Durchgängen und Transformation zu tun. Du wirst in diesem Buch einige solcher prägnanter Sätze oder auch kurze Geschichten finden, die in der Regel tiefere Schichten der Seele und eigenes Weisheitspotential anstoßen. Das Buch ist nicht zum einmaligen Durchlesen gedacht, sondern als Quelle, Eigenes anzuregen. Dies gelingt besser, wenn du die Textsammlung immer wieder mal in die Hand nimmst oder auch eine Seite aufgeschlagen liegen lässt mit einem Wort oder Text, der dich berührt oder inspiriert. Weniger ist mehr. Solltest du doch einmal Verdauungsbeschwerden bekommen, so empfehlen wir, dir etwas von unserem “Spirituosenangebot” zu genehmigen, das hohes spirituelles Gedankengut frech und zugleich liebevoll auf den Boden stellt:

„Heilig ist die Unterhose,
wenn sie sich in Sonn und Wind
frei von ihrem Alltagslose
auf ihr wahres Selbst besinnt.“

Christian Morgenstern

„Meister, erzähl mir ein Geheimnis."

„Das geht nicht."

„Warum nicht?"

„Weil es dann kein Geheimnis mehr wäre."

Eine kleine Zeichenübung

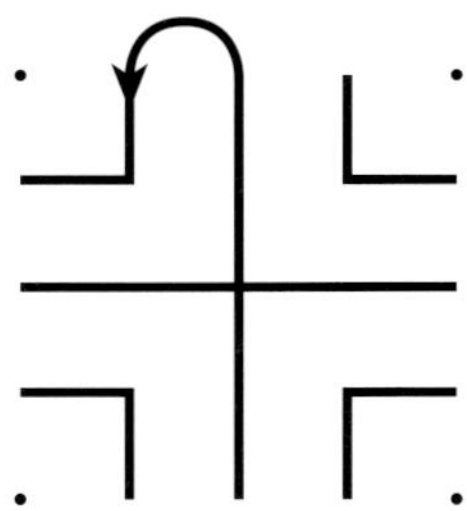

Zeichne in die Grundfigur auf der rechten Seite den kleinen Bogen ein, den du auf dieser Seite siehst.

Das ist alles?

Ja – zunächst. Ein erster Schritt.

Weitere werden folgen.

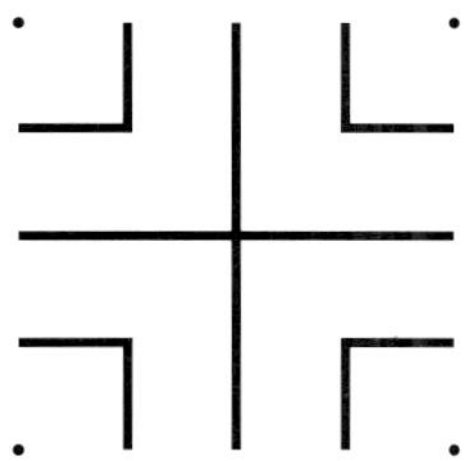

Montag
Lundi
Monday

Rhythmen des Lebens
und Wachstum,
sie sind das Geheimnis des Mondes.
Frucht und Same
in ewig neuem Kreislauf.
Die Seele aber
jubelt und weint am Tage
und reift in der Nacht.

Wachstum

Mondnacht

Es war, als hätt‘ der Himmel
Die Erde still geküsst,
Daß sie im Blütenschimmer
Von ihm nun träumen müsst.

Die Luft ging durch die Felder,
Die Ähren wogten sacht,
Es rauschten leis die Wälder,
So sternklar war die Nacht.

Und meine Seele spannte
Weit ihre Flügel aus,
Flog durch die stillen Lande,
Als flöge sie nach Haus.

Joseph von Eichendorff

Sein

Etwas verträumt kommt die vierjährige Tabea aus dem Zelt. Ein wenig eingehüllt noch in Nestwärme, aber auch schon neugierig auf den jungen Tag. Nach ein paar Schritten dreht sie sich noch einmal um, hebt den Arm und winkt mit einer zarten Geste der Hand zurück, zum Zelteingang hin, wo – zumindest für meine Augen – niemand zu sehen ist.

Jetzt scheint sie bereit zu sein für das, was die Welt ihr bietet. Es sieht so aus, als ob sie bewusst ihre barfüßigen Schritte auf das noch feuchte Gras setzt. Die Handflächen dreht sie dabei nach oben, wohl um den Wind zu kosten. Sie geht in Richtung Morgensonne, ihr das Gesicht mit halbgeschlossenen Augen entgegenhaltend. Mit derselben Grazie lässt sie sich in den Sand nieder. Halb sitzend, halb liegend, auf den linken Ellbogen gestützt, schöpft sie mit der rechten Hand Sand, um ihn über ihre Haut rieseln zu lassen, ganz und gar an ihre Sinneseindrücke hingegeben.

Ich, der ihr nur zuschaut, spüre in diesem Augenblick die Hingabe auch in mir. Nach einer Weile, ohne mit der Sandberieselung aufzuhören, lässt sie den Blick über ihre Umgebung schweifen. Jetzt springt sie auf, läuft zur Schaukel hin. Auch ihre kleinen, schnellen Sprünge scheinen ganz Genuss zu sein. Sie kniet auf das Schaukelbrett, und es sieht so aus, als ob sich die Schaukel von allein in Bewegung setzt. Keine großen Schwünge, eher verträumt. Ein Traum, der offen ist für neues Erleben, neues Tun. Jetzt gleich oder später? Ich bin sicher, sie wird im Fluss bleiben, in ihrem Fluss. Der Tag wird ausgefüllt sein mit Leben. Und was immer sie tut, sie wird es lieben.

Du mußt das Leben nicht versteh‘n,
dann wird es werden wie ein Fest.
Und laß dir jeden Tag gescheh‘n
so wie ein Kind im Weitergeh‘n
von jedem Weh‘n
sich viele Blüten schenken lässt.

Sie aufzusammeln und zu sparen,
das kommt dem Kind nicht in den Sinn.
Es löst sie leise aus den Haaren,
drin sie so gern gefangen waren,
und hält den lieben jungen Jahren
nach neuen seine Hände hin.

Rainer Maria Rilke

sand

liegend im sand
inmitten des feldes
alltagsgestalten
visionen und themen
die hände formen
im sand spiralen
wer streichelt wen
die hand den sand
der sand die hand
das angesicht im licht

Zwischenzeit

Es war im Sand, am Strand in Griechenland.

Nach intensiver Gruppenarbeit und vor dem nächsten Treffen. Die Natur und der Körper nahmen dankbar die wärmende Mittagssonne auf. Eine "zeitlose" Zeit. Nichts wollen, nichts nichtwollen, nichts befürchten, nichts erwarten, im Geheimnis des Seins aufgehoben.

Was, außer Sand, verbindet diese beiden Erlebnisbilder? Tabea, das kleine Mädchen in der vorausgegangenen Geschichte, die angeschaut wird in ihrem noch "unbewussten" Sein, ganz verbunden mit ihrem Körper und der Natur, ihren Impulsen folgend. Tabea, eine Frau am Anfang ihres Werdegangs, und Hanna, zwei Generationen gelebten Lebens weiter, begegnen sich. Nicht im Äußeren, nicht gleichzeitig. Eine kleine Zwischenzeit lang gelingt, was fast verloren scheint: Ganz dem Jetzt hingegeben, nicht nachdenkend was war, nicht was sein wird, gegenwärtig sein.

Selbst wenn es nur für eine kurze Zeitspanne gelingt, was in den ersten Lebensjahren scheinbar Zeiträume umfasst; die Qualität des Erlebnisses hinterlässt Eindruck, das Erfahrungsbild lebendige Spuren im Alltäglichen.

Der Duft der Rose

Eine der letzten Rosen im milden November ist in der Wärme meines Zimmers aufgeblüht. Ich rieche an ihr und bin überrascht, wie intensiv der Duft ist.

Jedes Jahr beobachte ich neu, wie mit Fortschreiten der Jahreszeiten die Blüten, die der Rosenstock hervortreibt, unterschiedlich vital sind. Die Frühjahrsrose ist die vitalste, frisch im Grün und in der Blüte, taufrisch sozusagen. Die Sommerrose erblüht intensiv und voller Kraft. Die Herbstrosen scheinen mehr und mehr durchsichtig in ihrem zarten Blütenkleid, so als könnte eine leichte Berührung der Blüte ihre Auflösung hervorrufen. Oft fehlen die grünen Blätter, so dass zuletzt die Rosenknospe einsam oben am Stiel austreibt.

Erstaunt halte ich inne: Die letzten Rosen des Jahres haben einen besonderen Duft entfaltet, es ist beinahe schon ihre Essenz zu riechen.

Bei einer jüdischen Schneiderei gibt ein Urlauber eine Hose in Auftrag.

Die Ferien gehen zu Ende, ohne dass die Hose geliefert wird, und so reist der Auftraggeber ohne sie ab. Die Jahre vergehen, und der Mann macht am selben Ort wieder Urlaub. Die Hose hat er längst vergessen, als der Schneider plötzlich auftaucht und sie sorgfältig gebügelt über dem Arm liegen hat. „Um Himmels willen," staunt der Mann, „Gott hat die Welt in sieben Tagen erschaffen, und Ihr näht sieben Jahre an einer Hose!" Der Schneider streicht zärtlich über die Hose: „Schon. Aber schaut Euch an die Welt - und schaut Euch an diese Hose!"

Mein Rosen-Sein

Mit folgenden Gedanken möchte ich dich in deine Rosenwelt begleiten. Schau auf den Rosenstock, der in deinem "inneren Garten" steht, stell dir vor, du könntest in den Wurzelstock schlüpfen.

Wie ist es, Wurzelstock zu sein und in der feuchten Erde zu ruhen? Deine Wurzeln im Erdreich nehmen die Nährstoffe auf, das Wasser, die Mineralstoffe, alles was dir dient, damit du wächst und gedeihst, dass deine Blätter treiben können, die Knospen entstehen und die Rosenblüte sich bildet. Ganz still und unsichtbar wirkst du, bist ganz nah an den Jahreszeiten. Du erfährst den Winter mit seiner Kälte und Härte, die gefrorene und krustige Erde. Deine ganze Vitalität hast du in dir gebündelt. Für den Betrachter siehst du aus wie erstorben. Doch du bist versammelt mit all deiner Kraft in dir, ruhst und bereitest dich vor auf deinen Aufbruch. Die kraftvollen Strahlen der Frühjahrssonne erwärmen deine Umgebung, der Boden wird weich und warm und du spürst – jetzt wird es Zeit.

Ohne deine Verbindung zum Wurzelstock zu verlieren, schlüpfst du hinein in die grün treibenden Stiele, spürst diese vorantreibende Kraft, bildest die grünen Blätter aus, wiegst dich mit ihnen im Frühjahrswind. Du lässt dir Zeit, die Dornen zu entwickeln. Sie schützen dich und signalisieren der Umwelt, dass sie behutsam mit dir umgehen. Sie sind Ausdruck deines Stolzes und begleiten die Lieblichkeit deiner Blüte. Manchmal kommt ein Kind vorbei, um eine deiner Dornen abzubrechen und sich auf die Nase zu setzen, so, als wäre es mit dieser kleinen Verwandlung zu einem Nashorn geworden. Du lächelst und fühlst dich verstanden. Du lässt dir viel Zeit zur Vorbereitung, bis die Sonne des Frühsommers dich auffordert, Knospen zu bilden.

Die Gefahr ist vorüber, dass deine Blüte sich zu früh öffnet und erfriert. Nun wirst du ganz zur Knospe, spürst den Schutz deiner grünen Kelchblätter und zugleich die pralle Enge, die für deine Blütenblätter entsteht.

Sanft erwärmen die Sonnenstrahlen deine Kelchblätter. Sie öffnen sich, rollen sich auf, so dass deine Blütenknospe hervorscheint. Nimm das neugierige Erstaunen deiner zarten Blütenblätter wahr, wenn sie ihrer engen Hülle ledig dem Licht und der Weite ausgesetzt sind. Wie fühlen sich diese zarten Blütenblätter an, die jetzt ganz allmählich sich zu entfalten beginnen, aus dem eng umschlungenen Sein sich lösen, aufblühen und gleichzeitig in der Mitte verbunden bleiben. Die zu eng gewordenen Kelchblätter haben sich dem Stiel zugewandt, um mit ihm zusammen deiner Blüte einen soliden Stand zu bieten.

Du stehst nun in voller Blüte, dem Sonnenlicht zugewandt. Die Sonnenstrahlen durchscheinen deine zarten Blütenblätter. Genieße die Wärme des Lichts in deiner Mitte und versammle im Blütenkelch Zartheit und Kraft, Wärme und Licht. Dir wird deine ganze Gestalt bewusst, deine Stiele mit ihren Dornen, die Blätter und dein Wurzelstock. Du verbindest dich mit dem Ganzen, dem Wachstümlichen, dem Vergehenden und dem Aufblühenden, dem Wechsel von Kommen und Gehen, deinem Anteilhaben an der Schöpfung. Dir wird bewusst, dass du die zarten Blütenblätter wieder fallen lassen wirst, um eine Frucht zu treiben, die gewappnet ist für kühle Zeiten, die der Rauheit des Windes standhält. Auch aus ihr wirst du wieder deine Kraft zurücknehmen, dich wieder versammeln in deinem Wurzelstock, um dort auszuruhen, dich der Erde anvertrauend.

Einverstanden Sein

Den neunten Tag schon
beherrscht Hochnebel das Land,
nimmt sich so lange Raum über mir,
bis ich die Gelassenheit erwerbe
zu warten,
dass die Sonne den Nebel durchbricht.

Kennst du das, dass sich zwischen dich und den blauen Himmel eine graue Nebeldecke schiebt? Sie scheint schwer auf Haupt und Schultern zu lasten, jeden Tag schwerer zu werden und dir die Verbindung zum Licht abzuschneiden. Die graue Zähigkeit ergreift Besitz von deinem Denken und Fühlen. Der Durchblick trübt sich und mit den Tagen verblasst das Bewusstsein um das Blau des Himmels, das Grün der Wiesen, die Buntheit und Vielgestaltigkeit der Landschaft. Vielleicht bleibt ein Ahnen und Hoffen, dass es auch wieder anders werden könnte. Wenn der Nebel so lange verweilt wie in diesen Wintertagen, kommt irgendwann die Gelassenheit und das Einverständnis, dass nichts zu machen ist, und die Hoffnung schafft sich Raum, dass der Tag ganz bestimmt kommen wird, an dem die Sonne durchbricht und den Sieg über die Zähigkeit der Nebeldecke gewinnt. Es ist wie beim Warten auf die Geburt eines Kindes, längst ist der errechnete Geburtstermin überfällig. Hat das Kind es versäumt zu kommen?

Will das Lebendige nicht zum Vorschein kommen?
Willst du das Innere Wissen in dir lebendig halten,
dass ganz sicher der Tag kommt, an dem das Kind geboren wird, an dem die Sonne den Nebel durchbricht?

Stufen

Wie jede Blüte welkt und jede Jugend
dem Alter weicht, blüht jede Lebensstufe,
blüht jede Weisheit auch und jede Tugend
zu ihrer Zeit und darf nicht ewig dauern.
Es muss das Herz bei jedem Lebensrufe
bereit zum Abschied sein und Neubeginne,
um sich in Tapferkeit und ohne Trauern
in andre, neue Bindungen zu geben.
Und jedem Anfang wohnt ein Zauber inne,
der uns beschützt und der uns hilft, zu leben.
Wir sollen heiter Raum um Raum durchschreiten,
an keinem wie an einer Heimat hängen,
der Weltgeist will nicht fesseln uns und engen,
er will uns Stuf' um Stufe heben, weiten.
Kaum sind wir heimisch einem Lebenskreise
und traulich eingewohnt, so droht Erschlaffen,
nur wer bereit zu Aufbruch ist und Reise,
mag lähmender Gewöhnung sich entraffen.
Es wird vielleicht auch noch die Todesstunde
uns neuen Räumen jung entgegensenden,
des Lebens Ruf an uns wird niemals enden.
Wohlan denn, Herz, nimm Abschied und gesunde.

Hermann Hesse

Die Bank in der Sonne

Die Bank in der Sonne steht am Rande eines Feldweges. Zwei Menschen haben auf ihr Platz genommen. Es ist Mittagszeit, sie reden nicht viel, scheinen müde zu sein. Mittagsmüde. Gefüllt vom Morgen, still im Sonnenlicht Wärme tankend, morgensatt, mittagsmüde. Im Dasein Kraft schöpfend, für Nachmittag und Abend. Der Gedanke keimt auf: zufrieden alt sein, voll von Leben, satt.

Das Gelebte sein lassen, den Alltag ruhen lassen, ganz gleich ob du noch am Morgen, am Mittag oder schon am Abend deines Lebens dich befindest. Innehalten und dich der Wärme der Sonne aussetzen, das Gelebte im Licht betrachten, ausruhen und Kräfte sammeln für das Nächstliegende.

Die Bank steht da, ob du dich
auf den Weg machst und auf ihr
Platz nimmst, oder nicht.

Bildwechsel

Stell dir vor, du gehst in deinem Lebensalltag
von Ruheplatz zu Ruheplatz,
anstatt von Termin zu Termin zu eilen.

Zuerst lässt du dich nieder, atmest aus,
um mit frischer Kraft dich aufzumachen.

Was gewinnst du durch diesen Bildwechsel?

Auf dieser Ruhebank im Alltag schaffst du Verbindung
zwischen deinem Handeln und dem,
was du zutiefst tun willst.

Der große Bogen

Ja, es ist wahr: ich habe Angst vor dem Sterben
und - ehrlich gesagt - auch vor dem Altwerden.
Zu sehen, wie der eigene Körper langsam vom Verfall
ergriffen wird,
die zunehmende Hilflosigkeit,
Angewiesen-Sein auf andere,
Krankheit, Schmerzen – und am Schluss vielleicht
mich meinen Angehörigen zuzumuten mit einem
unerträglichen Anblick?

Gelassen und gar heiter bleiben angesichts dieser Aussichten?
Ich weiß wirklich nicht, wie das gehen soll.
Niemand bringt es mir bei.
Und mit denen, die es in Würde geschafft haben,
kann ich nicht mehr reden.

Warum aber in aller Welt
beginnt sich das Gesicht des Verstorbenen
schon bald nach Eintritt des Todes zu entspannen
und warum breitet sich dieses
über alle Maßen friedvolle Lächeln darauf aus?

Der Tod ist eine Herausforderung.

Er mahnt uns,
keine Zeit zu verschwenden.

Er fordert uns auf,
zu wachsen und etwas aus uns zu machen.

Er ruft uns auf,
wir sollten einander jetzt
und in diesem Augenblick sagen,
dass wir uns lieben.

Leo Buscaglia

Ein griechischer Priester und ein Busfahrer aus dem selben Ort gelangen nach ihrem Tod gleichzeitig ans Himmelstor. Petrus mustert beide, dann wendet er sich freundlich an den Busfahrer und sagt: „Du kannst direkt in den Himmel." Zu dem Priester sagt er: „Tut mir leid, du musst vorher noch ein Weilchen ins Fegefeuer."

Der Priester verlangt eine Erklärung.

„Wenn du gepredigt hast, haben die Leute immer geschlafen," sagt Petrus und deutet auf den Busfahrer, „aber wenn er gefahren ist, haben sie alle gebetet."

Dalai Lama

In seinem kleinen Buch “Die Quellen der Gelassenheit” schreibt der 82-jährige Jörg Zink: „Vor einiger Zeit saß ich mit dem Dalai Lama zu Tisch. Freundlich lächelnd, gelassen, schweigsam, ab und zu locker plaudernd, so saß er mir gegenüber. Und dabei unendlich fremd. Anders. Eine liebenswürdige Stille ging von ihm aus. Vor dem Essen war von den Wirrungen und Katastrophen in der politischen Welt die Rede gewesen. War nach all dem so viel weltentrückte Gelassenheit möglich? Berührte diesen Mann noch irgendetwas wirklich? Doch, ja. Es war ihm alles wichtig. Aber gibt es das: einen inneren Frieden, der nicht dadurch entsteht, dass man sich vom Weltgeschehen abwendet? Eine Ruhe, die nicht darin besteht, dass einer sich von dem Unglück distanziert, das die Menschen um ihn her erleiden?“

aus: Jörg Zink, Quellen der Gelassenheit;

mit freundlicher Genehmigung des Kreuzverlags, Stuttgart

Zeichne auf der Seite rechts noch einmal den ersten Bogen und dann den zweiten ein.

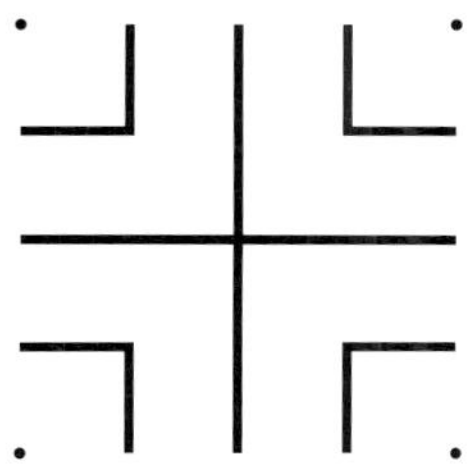

Dienstag

Mardi

Tuesday

Mars,

du Kämpfer und Schützer,

du kennst den Schmerz

und weißt um die Angst,

und du erhebst dein Haupt,

stehst fest auf dem Boden

und spürst im Herzen die Kraft:

Dein Mut wird zur Tat.

Mut

Laß den Willen
wie eine Welle sein
die rauschend
dem Lande zurollt
unbeugsam
steigend und fallend
in Sanftmut gegossene
Kraft.

Antje Sommer

Vertrauen

Quer über dem Hohlweg liegt ein starker Baumstamm. Wir schauen zu ihm hoch und finden beide, dass wir auf ihm den Abgrund überqueren sollten. Wir: mein vierjähriger Sohn und ich bei einem Spaziergang durch den winterlichen Wald. Nicht ohne Mühe klettern wir aus dem Hohlweg heraus. Als wir an dem waagrechten Stamm stehen, stelle ich fest, dass es von da oben ganz anders aussieht als von unten, nämlich ziemlich hoch, und dass der Baumstamm recht vereist ist. Ich sage meinem Sohn, dass wir da leider doch nicht hinüber können. Mit den Worten "An deiner Hand habe ich keine Angst" legt er die seine in die meine und tippelt los. Bevor ich Einspruch erheben kann, befinden wir uns schon über dem tief unter uns liegenden Grund. Am besten nicht runterschauen, spreche ich mir im Stillen selber Mut zu, mit Bedacht die Füße setzen und – dies mehr gefühlt als gedacht – mich im übrigen dem Vertrauen meines Sohnes überlassen.

Mit vier Jahren sehe ich den Vater normalerweise als einen, der alles kann, der mich liebt und schützt. Dieses grenzenlose Vertrauen verliert sich allmählich. Irgendwann merke ich, dass der Vater auch nicht alles weiß und kann, und noch ein wenig später erkenne ich, dass er mich nicht vor allem schützen können wird, was mir im Leben begegnet. Diese Erkenntnis verbindet sich natürlich auch mit dem Stolz, den mir das Gefühl der wachsenden Selbständigkeit eingibt. Im Rückschluss aber wäre es zu kurz gegriffen, wenn wir unsere damalige Fähigkeit des grenzenlosen Vertrauens nur mit kindlicher Naivität in Verbindung bringen würden.

Diese Vertrauensfähigkeit ist mehr. Viel weist darauf hin, dass sie so wie die Liebesfähigkeit eine urmenschliche Seeleneigenschaft ist, die mit dem Verlust der Kindheit immer mehr verblasst. Gänzlich verloren haben wir sie in der Regel nicht. Ich entdecke sie immer noch in einem Winkel meiner Seele als Sehnsucht.

Sie schlummert noch in mir, die Fähigkeit des Vertrauens – wenn ich mich nur trauen würde. So wie mein Sohn an der Hand seines Vaters. Ob sich der Vater seinerseits traut, dem Leben die Hand zu geben? Einem Leben, das es gut mit mir meint, entgegen aller Skepsis und den schmerzlichen Erfahrungen, die ich gemacht habe?

Das wäre gerade so, als ob ich die Hand meines Engels ergreifen und mit den Worten "An deiner Hand habe ich keine Furcht" einfach losginge. Bliebe ihm dann nichts anderes übrig als mit zu gehen? Die Frage, ob er es ist, der mich schützt, oder mein Vertrauen uns beide, kann dabei ruhig unbeantwortet bleiben. Blauäugig? Ja, wenn das Bild zu gewollt ist, zu sehr von magischen Wunschvorstellungen geprägt. Wenn ich aber die Fähigkeit des Vertrauens als eigene Kraftquelle, als Seins-Qualität nehme, erfahre ich sie als Wirklichkeit. Ist dies nicht eine grundlegende Voraussetzung für heitere Gelassenheit?

Ein schwäbischer Bauer ist nach dem Stammtisch nicht mehr ganz sicher auf den Füßen. Auf dem Heimweg muss er auf einem Steg einen Bach überqueren. Der Steg hat kein Geländer und ist rutschig. „Oh, Herrgott“, spricht er in seiner Not, „hilf mir, dass ich da rüber komm!“ Vorsichtig setzt er Schritt vor Schritt. Als er fast drüben ist, ruft er freudig: „Ich hätt‘ dich doch nicht braucht!“ Kaum hat er’s ausgesprochen, rutscht er aus und fällt in den Bach. „Oh Herrgöttle, du verstehst auch keinen Spaß.“

Furchtlos

In dieser Welt zu leben,
die so gewalttätig ringt und schreit,
vor Hass und Hunger, Lüge und Leid,
und sich darüber hinwegzuheben,
so dass man vertrauensvoll sprechen kann
zu einem Kind: das Leben ist gut!
ist eigentlich mehr, als man leisten kann.
Dazu gehört ein Über-Mut
oder Glaube, den ich nicht besitze.
Ich fürchte des Wahnsinns Vernichtungsblitze.
Und doch sage ich: das Leben ist gut!

Eva Strittmatter

„Ich setzte den Fuß in die Luft und sie trug!"

Ich lese diese Zeile von Hilde Domin und etwas in mir wird ganz leicht, gleich einer Feder, die vom Wind getragen wird. Gleichzeitig stellt sich in mir der Gedanke ein, das geht doch nicht! Ich setze den Fuß, das ist ein willentlicher Schritt, kein Zufall, kein Versehen und es ist doch Dummheit, das kann doch nicht gut gehen, den Fuß in die Luft zu setzen, statt auf festen Boden. Und doch setzen wir bei jedem unserer Schritte den Fuß zuerst in die Luft, bevor er Festes berührt. Bei jedem meiner Schritte bleibt die Unsicherheit, ob er den festen Boden erreichen und berühren wird, dort Halt gewinnen und den nächsten Schritt einleiten kann. Es bleibt nur das Wagnis, das Unmögliche zu tun, den Fuß in die Luft zu setzen. An kleinen Kindern und alten Menschen können wir das Wagnis deutlich erkennen, der Triumph oder die Dankbarkeit, die sichtbar wird, wenn der nächste Schritt gelingt.

Manchmal setze ich im übertragenen Sinne den Fuß, heraus aus meinem Erfahrungshorizont, über meine Vor-Stellungen hinaus in die Luft und erfahre Unmögliches, etwas, was bisher nicht in meinen Erfahrungen verzeichnet ist ... und sie trägt. Ganz schlicht ist dies ausgedrückt in diesem kurzen Gedicht, nachträglich niedergeschrieben, sozusagen als Zeugnis. Die Gelassenheit stellt sich im Rückblick ein und bleibt als Erfahrung, dass Unmögliches, Grenzwertiges möglich wird. Was war das tragende Element der Luft? Das bleibt das Geheimnis dessen, der den Schritt wagt.

Sich tragen lassen

Sicher kann jeder von uns auf Erfahrungen im eigenen Leben zurückblicken, in dem der Boden zeitweilig unter den Füßen verloren ging und doch etwas da war, das getragen hat.

Wenn du willst, dann lasse dir einige Atemzüge lang Zeit, in dir wachzurufen:

Was hat mich getragen, was wurde unter meinen Fuß geschoben oder gelegt, dass "die Luft getragen" hat in einer Zeit, in der dir der Boden unter den Füßen entglitt?

Als du einen Schritt wagtest, bei dem du nicht sicher warst, wo der Fuß aufkommen würde.

Welche Qualität ist in dir erwacht, als du das Loslassen geübt und das Aufkommen des Fußes auf neuem Terrain erlebt hast?

Lass diese dazu gehörende Qualität in dir aufleben.

Entscheidungssprung

In meiner Lebensmitte waren wir mehrmals mit unseren vier Kindern im Tessin, um Ferien zu machen. Abgeschieden in einem Häuschen ohne Strom und fließendem Wasser. Wie oft in diesen Tagen gingen wir in eines der Felsentäler, um im Fluss zu baden. Unsere Kinder liebten das Springen von den Felsen und dort übte ich mich in Gelassenheit, die ich nicht immer erheiternd fand, wenn ich den immer höher werdenden Kletterkünsten und anschließenden Sprüngen zusah. Neben der sorgfältigen Auswahl der entsprechend tiefen Wasserstellen in den steinernen Becken des Flusses stärkte ich mein Vertrauen zu den Schutzengeln unserer Kinder.

Eines Tages begleitete uns unser Freund, in dessen Haus wir wohnten. Er forderte mich auf, auch einen Sprung vom Felsen zu wagen. Er bot seine Begleitung an und so saß ich mit ihm oben auf einem mehrere Meter hohen Felsblock und schaute in die Tiefe. Unbekümmert sprangen unsere Kinder und andere sportliche Gäste des Tales und ich saß da und tat mir schwer, mich einfach abzustoßen, der Luft zu vertrauen, dass sie mich unbeschadet ins Wasser trägt.

"Ich setzte meinen Fuß in die Luft und sie trug", damals kannte ich diese Worte noch nicht. Nach geraumer Zeit stieg in mir die Erkenntnis auf: Du musst dich jetzt entscheiden, ob du es wagen willst. Wenn du nicht springst, ist es auch in Ordnung, wenn du springst, dann jetzt.

Ich habe es gewagt. Ich bin aufgestanden und habe mich vom Fels abgestoßen. Die Luft hat getragen, bis das Wasser mich aufgenommen hat und im Auftauchen wieder entlassen. Der "Träger" der Luft war das Zutrauen meiner Familie, das Vorbild der Kinder und nicht zuletzt die geduldige Ermutigung und Begleitung des Freundes und seine Gelassenheit, warten zu können, bis meine Zeit zum Sprung reif war.

Dieses Erleben und die Erfahrung des Loslassens haben einige wesentliche "Entscheidungssprünge" in meinem Leben getragen.

Hoch türmt sich das Heu auf dem Schlitten. Gut festgezurrt ist es. Beim Blick über die schneebedeckten, recht steilen Hänge hinunter ins Tal kommen dem Georg doch Zweifel und er fasst noch einmal zur Beruhigung in seinen Rucksack, in dem er das Kruzifix aus seiner Wohnstube mit hoch gebracht hat. Zu seinem Schreck muss er feststellen, dass er es unten vergessen hat. Der Hans beruhigt ihn, er habe ein kleines Kruzifix um den Hals hängen. Sie fahren los. Der schwere Schlitten wird immer schneller. Die ersten Kurven schaffen sie noch, doch dann, vor dem Wald, müssen sie zu scharf nach rechts – der Schlitten kippt um. Als sich der Georg aus dem Schnee gegraben hat und nicht weit von ihm Hans seinen Kopf herausstreckt, sagt er zu ihm: „Ich hab‘ mir gleich gedacht, dass dein kleines Herrgöttle den schweren Schlitten nicht verheben kann.“

Der Sprung

Die Trauer über den Tod ihres Mannes kommt immer wieder wie eine Welle über sie. Gerade dann, wenn sie glaubt, jetzt habe sie den Verlust ein wenig bewältigt, kommt eine neue Welle und droht sie zu verschlingen.

Wir schweigen beide.

Nach einer Weile frage ich sie nach ihrer Enkelin. Sie erzählt, dass Lena am Sonntag ihr Fahrrad herausgeholt hatte. Der Winter war sehr lang gewesen, und sie wollte wissen, ob sie noch Fahrradfahren kann. Hatte Lena es doch erst kurz vor Winterbeginn gelernt, ein bisschen verspätet, als Zweitklässlerin. Sie hat ihre Enkelin eingeladen, mit ihr einen kleinen Fahrradausflug zum Osterwald zu machen, wo an einem Südhang die Märzenbecher blühen. Dort angekommen stellten sie fest, dass zwischen Weg und Wiese ein kleiner Bach floss. Wegen der nassen Wiesen hatte sie sowieso schon Gummistiefel an, mit denen sie den Bach überqueren konnte. Aber Lena? „Wenn du mir von drüben die Hand reichst, springe ich!“ rief Lena und lief schon weg, um Anlauf zu nehmen.

„So viel Mut habe ich ihr gar nicht zugetraut. Wir haben dann beide ein schönes Sträußchen gepflückt.“

Sie blickt versonnen in die Ferne.

„Mein Mann hat mir jedes Frühjahr, wenn auf den Wiesen ringsum noch Schnee lag, von irgendwoher die ersten Märzenbecher gebracht.“ Durch die Wehmut und Trauer in ihrem Gesicht leuchtet die Erinnerung an ihre Liebe. Jetzt hat auch die Großmutter einen Sprung gewagt.

Gratwanderung

„Wenn einer rechts herunterfällt, springt der andere links!"

Kurz angebunden erteilte unsere Seilführerin diesen Befehl und damit befanden wir uns auch schon auf dem schneebedeckten Grat, der zum Gipfel führte. Dieser Grat war wie ein Pfad und so breit, dass wir nur einen Fuß vor den andern setzen konnten. Rechts und links fiel der Fels mehrere hundert Meter steil nach unten. Ich sah auf die Fußstapfen vor mir und gleichzeitig im erweiterten Blickwinkel auf die Felsabhänge. Für den Blick zum Gipfel gab es keinen Platz mehr. Angst und Panik krochen in mir hoch, ein Stocken im Schrittfluss, das Bewusstsein, dass ich mit anderen ans Seil gebunden bin. Mein Körper versteifte sich. Wenn ich strauchle, dann reiße ich die anderen mit. „ ... dein Stecken und Stab ...", diese Worte blitzten aus der Tiefe in mir hoch. Mein Blick heftete sich auf den nächsten Schritt, suchte dort konzentrierten Halt. Bewegung kam in meinen Leib und dann fand ich mich mit den anderen auf dem Gipfel wieder.

Was traf zusammen in diesem Augenblick der Gefährdung? Auf dem stundenlangen Weg des Anstiegs zum Gipfel hatten wir von unserem Seminarleiter die Aufgabe erhalten, eine Zeit lang für uns alleine zu gehen und die Verse des Psalms 23 auswendig zu lernen, sie im Gehen zu meditieren. Über die Wiesenalmen wandernd übte ich mich dabei, die Verse zu verinnerlichen. Wir liefen über saftiges Grün und auf breitem Pfad. Es war keine besondere Aufmerksamkeit nötig für den Weg. Später nahm ich wieder Gespräche mit den Mitstudenten auf und andere Tätigkeiten ließen mich diese Verse wieder vergessen.

Im Schnee, auf dem Grat inmitten der Seilschaft wuchs mir daraus rechtzeitig Hilfe. Kam sie von Innen, von Außen oder von Oben? Es spielt keine Rolle. Diese Erfahrung hat nachhaltig Eindruck in mir hinterlassen. Gelassenheit fällt nicht "vom Himmel", sie kann sich in drangvollen Situationen gebären, wenn der Boden vorbereitet ist.

Der Gedanke drängt sich mir heute auf, ob die Seilführerin uns in einer günstigeren Bildersprache ihre Anweisungen hätte geben können. Wie hätte eine solche Anweisung gewirkt? Dass wir den Gipfel ins Auge fassen und dann unser Augenmerk auf die einzelnen Schritte hätten richten sollen? Schritt für Schritt erreicht ihr das Ziel! Kein Wort von der Gefahr des Fallens und Springens. Oder hat sie uns angesichts der Ausgesetztheit ein Bild geboten, wie wir hätten handeln können, wenn einer von der Seilschaft abgestürzt wäre?

Was können wir tun, um den Boden in uns zu bereiten, damit Gelassenheit "einfallen" kann? Wir hatten damals im Vertrauen zu unserem Seminarleiter diesen Text auswendig gelernt. Wäre es nicht passender, von inwendig zu reden? Ganz sicher hatte er auf Grund seiner größeren Lebenserfahrung das Wissen, was solch innerer Schatz bewirken kann. In den ungefährdeten Regionen unseres Alltages üben wir für den "Ernstfall", in dem Gelassenheit lebensnotwendig wird, das Loslassen von Gedanken, Vorstellungen und Angstbildern.

Psalm 23

Der Herr ist mein Hirte,
mir wird nichts mangeln.

Er weidet mich auf einer grünen Aue
und führet mich zum frischen Wasser.

Er erquicket meine Seele.
Er führet mich auf rechter Straße um seines Namens willen.

Und ob ich schon wanderte im finstern Tal,
fürchte ich kein Unglück;

denn du bist bei mir,
dein Stecken und Stab trösten mich.

Du bereitest vor mir einen Tisch
im Angesicht meiner Feinde.

Du salbest mein Haupt mit Öl
und schenkest mir voll ein.

Gutes und Barmherzigkeit werden mir folgen ein Leben lang,
und ich werde bleiben im Hause des Herrn immerdar.

Lies, wenn du willst, diesen nebenstehenden Psalm 23 noch einmal laut.

Gib ihm deine Stimme und lausche nach innen und nimm wahr, was dieses Lesen, die Worte und Bilder in dir bewirken. Wenn es eine gute Qualität hat, dann lass es ein paar Augenblicke wirken.

Wenn diese Qualität nicht eintritt, dich vielleicht sogar etwas ärgert, dann nimm dies als deine Reaktion ernst.

Frage dich, ob dir andere Worte, ein Spruch oder ein Gedicht einfallen, die dich berühren können.

Wenn du sie auswendig kennst, sprich diese Worte laut für dich.

Lasse sie in dir nachklingen.

Es lohnt sich, das eine oder andere auswendig zu lernen, zu verinnerlichen und es damit gegebenenfalls zur Verfügung zu haben.

Die Geschichte mit dem Scheitel

Meine 90-jährige Mutter sitzt im Bett, gepflegt und vorbereitet für die Nacht. Ich bin zu Besuch bei ihr und sitze "zu ihren Füßen". Ihre Gesichtshaut ist glatt, ihr Augenblick ist auf mich gerichtet. Nachsinnend fragt sie mich: „Wie alt bist Du jetzt?“ und nach weiteren Zeiten: „Du musst Deinen Scheitel gerade ziehen.“

Jahrzehntelang habe ich diese Aufforderung von ihr gehört und innerlich rebelliert. Zum erstenmal spüre ich heute, wie von innen heraus ein Lächeln sich auf mein Gesicht zeichnet. Ohne Widerworte stehe ich auf, entnehme meiner Tasche einen Kamm, gehe zum Spiegel und ziehe meinen Scheitel gerade. Erwartungsvoll setze ich mich zurück auf ihr Bett. Sie sieht mich an und ihr Gesichtsaudruck spiegelt es; alles ist in Ordnung. Zum erstenmal konnte ich in heiterer Gelassenheit auf ihren Wunsch reagieren, konnte für diesen Moment loslassen, wie schmerzhaft es war, in ihren Augen nie einfach nur "richtig" gewesen zu sein. Ein Augenblick der heiteren Gelassenheit nahm Platz in unserer Mitte. Ein friedlicher Augenblick entstand zwischen uns.

Mir "ging ein Licht auf", wie notwendig es für meine Mutter ist und immer war, dass der "Scheitel" gerade und sauber gezogen ist. Wie buchstäblich Not-wendend es für sie in ihrem Leben wurde, dass nach außen alles sauber und ordentlich war, um den inneren Erschütterungen und Brüchen eine stabile Hülle zu geben.

Ihr Wunschbild, dass in ihrem Leben doch alles in Ordnung sein möge, hatte Ausdruck gefunden in diesen rigiden Äußerlichkeiten. Meine Mutter hatte sich darin "gut gehalten", allen Anfragen von Seiten ihrer Töchter standgehalten.

In diesem gelassenen Raum, der zwischen uns entstand, konnte ich erkennen, wie sich in mir schon früh in meinem Leben eine innere Notwendigkeit gebildet hat, mich auf die Suche nach den für mich gültigen und tragfähigen Werten zu machen. Welchen Werten will ich "meinen Scheitel" öffnen? Die Rebellion gegen den eingeforderten "Scheitel" der Sauberkeit und Ordnung, der die Geschichte meiner Mutter geprägt hat, und meine unermüdliche Suche danach, die innere Ausrichtung zu finden, sind sich für einen Moment lange begegnet und haben Frieden geschlossen.

Er liegt im Sterben. Sie hält seine Hand. Liebevoll sehen sie sich an. Noch einmal haben sie bekräftigt, wie gut sie die langen Jahre zusammen gelebt haben, wieviel sie sich gegenseitig zu danken haben und dass nie ein Geheimnis zwischen ihnen gestanden sei. Da sagt er plötzlich: „Jetzt muß ich dir doch etwas gestehen." Sie erschrickt. „Du weißt doch, wie sehr ich unser tägliches Frühstück genossen habe." Sie nickt eifrig. „Du hast immer das Brötchen aufgeschnitten und mir die untere Hälfte gegeben, weil du annahmst, dass ich diese lieber mag. Jetzt muss ich dir endlich gestehen, dass ich eigentlich viel lieber die obere Hälfte gehabt hätte."

Liebe fließen lassen

Nach der Lehre des tibetischen Buddhismus ist es die Qualität des Mitgefühls, die uns hilft, unser Herz zu öffnen, die uns hilft, in uns die Stärke und das Vertrauen aufzubauen, um andere unterstützen zu können. Je größer und stärker es wird, desto größer und stärker wird die Furchtlosigkeit und das Vertrauen. So erweist sich das Mitgefühl als "größter Schatz und bester Schutz", als "unsere eigene beste Heilung".

Du gehst im Geist zurück und vergegenwärtigst dir ganz bildlich die Liebe eines Menschen, die dich in deinem Leben, vielleicht in deiner Kindheit, tief berührt hat. Erinnere dich an einen Moment, als dieser Mensch dir seine ganze Liebe gezeigt hat und du seine Liebe tief empfunden hast. Lass dieses Gefühl nun wieder in deinem Herzen aufsteigen. Vielleicht fühlst du dich voller Dankbarkeit, voller Freude und Wärme, fühlst diese Weite in der Brust, vielleicht fühlst du ein Lächeln um deinen Mund, das Strahlen in deinen Augen. Wenn du dich an diese Liebe erinnerst, wird sie ganz natürlich zu dem Menschen zurückfließen, der sie hervorgerufen hat. Und wenn du willst, dann kannst du jetzt deine Liebe zu einem Menschen hinfließen lassen, der sie gerade braucht.

aus der unveröffentlichten Abschlussarbeit
in Therapeuthischer Psychosynthese von Antje Juchim

Zeichne den ersten, den zweitern und dann den dritten Bogen.

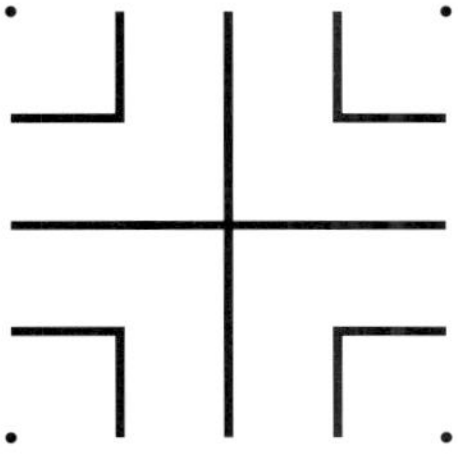

Mittwoch

Mercredi

Wednesday

Merkur in mir:

Es sprüht Lebendiges,

vital und regsam

und die Lust am Leben.

Beweglich sollen wir bleiben,

im Innern und Außen,

wandernd und werdend,

nehmend und gebend

im richtigen,

in freudigem Maß.

Heiterkeit

Ich wünsche dir
bunte Sommerfarben
ins Gewebe deiner Tage,
dass du graue Zeiten bestehen kannst,
ohne in Hoffnungslosigkeit zu versinken.

Ich wünsche dir
helle Töne der Heiterkeit
in die Melodie deines Lebens,
Befreiung zu Leichtigkeit
und Tanz ohne fliehen zu müssen
vor den Niederungen.

Ich wünsche dir
guten Boden
unter deinen Füßen,
deine Wurzeln hineinzusenken
und genügend Halt zu finden,
um nicht heimatlos zu bleiben
auf dieser Erde.

Antje Sabine Naegeli

Hingabe

Im malerischen Loutro an der Südküste in Kreta sitze ich im Café direkt am Wasser und genieße die Morgensonne. Vor mir in seinem leise schaukelnden Boot steht ein Fischer und ordnet sein Netz. Stück für Stück lässt er es durch seine Hände gleiten, löst Verdrehungen und Verknotungen und befreit es von Tang, Hölzchen und ab und zu von einem kleinen Krebs, der sich darin verfangen hat. Was er herausgelöst hat, wirft er ins Meer.

Wenige Meter davon entfernt, am Ufer, ein kleiner Junge, der scheinbar selbstvergessen spielt. Manchmal schaut er kurz hinüber zum Fischer. Selten wirft dieser ihm einen Blick zu. Immer wieder nimmt der Junge kleine Hölzchen, Steinchen oder eine Möwenfeder von der Kaimauer auf und wirft sie ins Wasser. Kindlich noch, und doch ist in der Wurfgeste die typische Bewegung des Fischers zu erkennen. Nach einer Weile geht der Junge an eine Stelle, wo ein Stück dünnes Seil befestigt ist und lässt dieses Stück für Stück durch seine Hände gleiten, dazwischen immer wieder etwas ins Wasser werfend.

Jetzt erst wird mir klar, dass er ganz hingegeben ist in seine Nachahmung: Der Junge ist der Fischer in seinem schwankenden Boot. Breitbeinig und sicher wie dieser steht er am Rand der Kaimauer, leicht den nicht vorhandenen, beim Fischer aber nicht zu übersehenden Bauch nach vorne streckend. –

Plötzlich ein Schrei. Die Mutter des Jungen kommt raschen Schrittes hinzu und holt unter Vorhaltungen den Jungen vom gefährlichen Rand der Mauer weg.

Sie hatte ganz offensichtlich nicht Zeit gehabt, um wahrzunehmen, in welcher Verbindung ihr Kind mit dem sicher stehenden Fischer war. Wie er mit Leib und Seele dessen Ruhe und Gelassenheit nachahmte und auf keinen Fall ins Wasser hätte stürzen können.

In mir bleibt das Bild dieser Gelassenheit zurück. Ich hatte den Fischer bei seiner Arbeit beobachtet und seine Gelassenheit genossen. Mir wird bewusst, wie weit oft bei mir Arbeit und Gelassenheit voneinander entfernt sind, und ich wünsche mir in diesem Augenblick sehr, beides mehr miteinander verbinden zu können.

Der kleine Junge hat den Fischer spielerisch nachgeahmt. Ganz hingegeben war er in sein Spiel, vollständig identifiziert mit dem selbstgewählten Vorbild und seinem Tun. Die Identifizierung ist zweifellos das wichtigste Lernfeld des Kindes. Kleine Kinder tun dies eigentlich ständig. Wenn uns Erwachsenen mehr bewusst wäre, was alles unsere Kinder nachahmen, würden wir einen gehörigen Schreck kriegen. Denn es gehören auch unsere verspannte Haltung nach einem Arbeitstag dazu, unser mürrischer Tonfall, unser Nicht-Zuhören, wenn jemand etwas von uns will. Nicht so sehr das, was wir sagen, sondern viel mehr das, was wir tun bzw. mit welcher Gestik und Mimik unser Gesagtes begleitet wird, wirkt bedeutungsvoll auf unsere Kinder. Eben weil sie sich so sehr mit uns und dem Wahrgenommenen identifizieren und dies wie gesagt, mit Leib und Seele.

Wie kostbar ist jeder Augenblick,
da ich in der Gegenwart eines Kindes
heiter und gelassen sein kann.

Handeln als ob

Die Fähigkeit der Identifikation habe ich als Erwachsener natürlich auch, allerdings weniger mit Leib und Seele, sondern eher mit Vorstellungsbildern und liebgewordenen Emotionen. Ich kann aber durchaus die Kraft der Identifikation nützen, um zu mehr Gelassenheit zu kommen. Ich kann dies tun mit der Technik des Handelns als ob. Ich kann mir zum Beispiel in diesem Moment, in dem ich diese Gedanken niederschreibe, vorstellen, ich sei der Fischer bei seiner Arbeit des Netze Säuberns. Würde er mit derselben Hektik die Tasten des PC bedienen, ständig in Sorge, während des Formulierens einen wichtigen späteren Gedanken zu verlieren? Wenn ich mir vorstelle, wie er sicher in seinem Boot steht, die wärmende Morgensonne im Rücken, ruhig Stück für Stück das Netz durch seine Hände gleiten lässt und ordnet, dann weiß ich, dass auch meine Arbeit Stück für Stück durch meine Hände geht und irgendwann fertig wird. Nicht dann, wann ich meine, dass sie erledigt sein sollte, sondern dann eben, wenn sie gut ist. Das Ende des Netzes wird irgendwann erreicht sein. Ich merke, wie mein Atem ruhiger wird, spüre wieder mehr meinen Körper, stehe auf, um mir ein Glas Wasser zu holen, setze meine Arbeit fort und habe ein wenig kretische Morgensonnenruhe in mir.

Nur wer sich ändert, bleibt sich treu.

Im Pathos innerster Überzeugung ruft der Redner in den vollbesetzten Saal: „Wir sind alle Individualisten!“ Da ruft eine Stimme von ganz hinten: „Ich nicht!“

Der Hausbau

Das Haus ist mir sofort aufgefallen; es ist noch im Bau befindlich, klein, ockerfarben und mit einem achteckigen-runden Raum, der überdacht, aber noch ohne Wände dasteht. Ich habe Muße. Es herrscht noch südländische Mittagshitze, als ein Lieferwagen mit fünf Männern auf dem unbefestigten Weg angefahren kommt. Offensichtlich wollen sie am Bau arbeiten. Sie steigen aus und lange stehen sie im Schatten des überdachten Raumes, reden und lachen. In mir steigt Mitgefühl für den Bauherrn auf. Ob dieser wohl sein Haus je fertig sehen wird?

Plötzlich wandelt sich das Bild; pfeifend und schwatzend beginnt die Gruppe sich zu bewegen, der Betonmischer summt und wie fünf Finger einer Hand beginnen die Männer zusammen zu arbeiten. Jeder an seinem Ort. Ein Bewegungsfluss entsteht. Das Pfeifen und Lachen bleibt. Der Bau schreitet voran. Es ist Schwerstarbeit, die diese Männer vollbringen, und trotzdem schaut ihre Zusammenarbeit von weitem wie die Formation eines Tanzes aus. Es scheint ein Geheimnis zu sein, dass plötzlich die Arbeit so reibungslos fließt. Von Ferne sah die Pause der Arbeiter aus wie ein faules Herumstehen, eine Zeitvergeudung. Im Nachhinein ersehe ich darin Sammlung, dieses Stehen im Kreis und dieses Hin- und Herwerfen der Worte.

Wenn wir in unsere Alltagsarbeit schauen: was verleiht ihr Pfiff und Leichtigkeit, wo setzen wir die schöpferischen Pausen, wo passen wir uns der Umgebung an, wie hier die Männer sich der Hitze? Wie bekommen wir einen Hauch von heiterer Gelassenheit in unsere Arbeit?

Wie du zum Dichter wirst

Vier Monate lang waren die beiden Freundinnen durch Indien gereist. Und jetzt saßen sie bei uns am Tisch und erzählten. Leider – oder sollte man sagen glücklicherweise? – waren ihre Photos noch nicht entwickelt. So mussten, durften wir uns unsere eigenen Bilder machen. Noch immer sind diese Bilder farbig und lebendig in mir – so lebendig wie die Geschichten selbst.

Besondere Künstler im Geschichtenerzählen sind seit alters her die Menschen im Orient. Einer davon ist Rafik Schami. In seinem Buch "Erzähler der Nacht" gibt es die Geschichte vom Kutscher Salim, der dreißig Jahre lang die Strecke zwischen Damaskus und Beirut befuhr. Auf dieser Strecke wimmelte es nur so von Räubern, "die ihr Brot damit verdienten, Vorbeifahrende auszurauben." Salim gewann seine Fahrgäste dadurch, dass er ihnen versprach, unbeschadet am Ziel anzukommen. Und es stimmte. Salim unterhielt nämlich gute Beziehungen zu den Räubern. "Erreichte er das Gebiet eines Banditen, so ließ er – von den Fahrgästen unbemerkt – mal etwas Wein, mal etwas Tabak am Straßenrand zurück und der Räuber winkte ihm freundlich zu." Leider sickerte das Geheimnis seines Erfolgs irgendwann durch, und die anderen Kutscher machten es ihm nach. Das ging so weit, "dass aus den Räubern fette, träge Sammler wurden, die niemandem mehr Angst einjagen konnten."

Also ließ Salim sich etwas anderes einfallen: "Er versprach den Fahrgästen, von Beginn der Reise bis zur Ankunft Geschichten zu erzählen, so dass sie die Mühen der Reise gar nicht spüren würden. Das war seine Rettung; denn kein anderer Kutscher konnte so gut erzählen wie er."

Hast du Zweifel, ob die Geschichte wahr ist? Ist es wichtig? Hauptsache ist doch, dass sie gut ist – und mich nebenbei heiter stimmt. Und das geht nicht nur mit Themen, die zwischen Beirut und Damaskus spielen, sondern auch hier bei uns. Unser Leben ist voller Geschichten. Rafik Schami ist 1946 in Damaskus geboren, lebt und arbeitet aber seit über 40 Jahren in Deutschland und erzählt wunderbar farbige Geschichten von hier.

Vielleicht können wir es noch nicht so charmant wie er, aber warum sollen wir es nicht einmal versuchen? Jeder Tag bringt uns Geschichten.

Schreib doch mal die eine oder andere auf. Du wirst sehen, wie viel Freude es dir macht. Der psychologische Nebeneffekt ist ein außerordentlicher: Indem du eine Geschichte aus dem Alltagsleben herausdestillierst, indem du sie in deinen Worten noch einmal verdichtest, trittst du heraus aus der Rolle dessen, dem etwas geschehen ist. Du wirst zum Schöpfer in der Darstellung des Erinnerten, erhebst dich ein wenig darüber und kannst so manchem, das zuerst schwer erschien, eine heitere Note geben.

Und wenn du es einmal versucht hast, wirst du schon ein bisschen neugieriger in die Welt blicken auf der Suche nach einem weiteren Stoff für eine gute Geschichte.

So weit – so gut

Der Potala in Lhasa ist viele Stockwerke hoch. Die Mönche, die ihn einst bewohnten, waren nach einer bestimmten Regel über diese Stockwerke verteilt: Die Novizen wohnten im ersten Stock, die fortgeschritteneren Mönche wohnten je nach Einweihungsgrad in den Stockwerken darüber. Das oberste Stockwerk war dem Dalai Lama und den Erleuchteten vorbehalten. Nun wohnte seit vielen Jahren im Stockwerk darunter ein weit fortgeschrittener Mönch. Die Stufe der Erleuchtung aber konnte er nicht erreichen, weil er eine charakterliche Eigenschaft einfach nicht transzendieren konnte: seine Neugier. Immer wenn er sich in meditativer Versenkung befand und von draußen das Hufegetrappel einer ankommenden Karawane hörte, musste er sich aus dem Fenster beugen und dem bunten Treiben zuschauen. Eines Tages nahm eine Karawane einen anderen Weg in die Stadt, weil das übliche Tor repariert wurde. Unser Mönch hörte sie kommen und musste sich dieses mal weit aus dem Fenster beugen, um sie zu sehen. Noch weiter beugte er sich hinaus, noch ein Stück und da – verlor er den Halt, fiel kopfüber aus dem Fenster und flatterte in seinen orangen Gewändern hinunter. Derweil saß im ersten Stockwerk ein junger Mönch, der, statt zu meditieren, aus dem Fenster sah. Als er plötzlich seinen Meister auftauchen sah, rief er überrascht: „Meister – wie geht‘s?“ Dieser rief ebenso freudig über die unvorhergesehene Begegnung: „So weit – so gut!“

Manche behaupten, dass genau in diesem Augenblick der alte Mönch erleuchtet war.

Heiterkeit

Lege dir eine leere schöne Karte bereit und einen Farbstift. Setze dich so, dass du dich wohlgespannt und gelöst fühlst. Richte deine Aufmerksamkeit eine Weile auf deinen Atem.
Nimm nun das Blatt Papier, das vor dir liegt und schreibe in großen Buchstaben das Wort "Heiterkeit" darauf, lege es vor dich hin und betrachte es. Wie empfindest du deinen Körper beim Betrachten? Welche Gefühle steigen in dir auf? Welche Gedanken tauchen in dir auf?
Sprich einige Male laut das Wort "Heiterkeit" aus. Variiere die Lautstärke, das Tempo, die Betonung, singe das Wort.
Schließe deine Augen und spüre nach, was in dir weiter klingt. Bewege in deinem Innern das Wort "Heiterkeit" und erinnere dich an Situationen und Menschen, in und mit denen du Heiterkeit erlebt hast. Lass in dir diese Erlebnisse wieder lebendig werden. Was ist das für ein Lebensgefühl, das sich in dir jetzt ausbreitet? Schau zu, wie sich aus dir heraus ein einfaches Symbol für Heiterkeit bildet.

Öffne deine Augen und zeichne dieses Symbol auf das Blatt, auf das du bereits ‚Heiterkeit' geschrieben hast.

Schau auf das Wort mit dem Symbol und nimm seine Wirkung wahr.

Finde einen Ort, an den du es gut sichtbar hinlegst, so dass es dich begrüßt und erinnert, dass ‚Heiterkeit' auch im Alltäglichen zuhause ist.

Geld und Gelassenheit

Da sitzt eine Gruppe Männer und Frauen in einem italienischen Restaurant. Es ist einer der Abende während eines Kongresses. Die Gesprächsthemen sind so bunt gemischt wie das köstliche Essen und Trinken auf dem Tisch. So allmählich geht der Abend zuende und die Einzelnen wollen beim Wirt bezahlen.

Jemand sagt: Wir könnten doch alle zusammenlegen, jeder von uns weiß doch etwa, was sein Essen gekostet hat. Einige finden die Idee toll, andere bezweifeln, dass das funktionieren könnte. Es entsteht Spannung am Tisch. Einige holen die Speisekarten und beginnen ihren Betrag zusammen zu stellen, andere warten gelassen, schätzen und kramen in ihren Geldbeuteln.

Der Vorschlag zusammen zu legen, setzt sich schließlich durch. Ein kleiner Geldberg entsteht und einer aus der Gruppe zählt das Geld. Die Spekulationen gehen weiter, ob das Geld wohl reicht, ob der Wirt auf diese Zahlweise eingeht oder was ist gar, wenn jetzt zuviel Geld da liegt? Der italienische Wirt legt die Rechnung auf den Tisch und streicht unbesehen den Geldberg ein. Alle schauen gespannt auf den Rechnungsbetrag. Es war so viel Geld zusammen gelegt worden, dass dem Wirt noch ein stattliches Trinkgeld geblieben war.

Mehrfach haben wir innerhalb unserer Gruppenarbeit mit dem Thema Geld experimentiert und jedes Mal die überraschende Erfahrung gemacht, dass nicht nur das Geld “mehr” wurde, sondern dass die Menschen, die sich daran beteiligten, “reicher” wurden.

Nicht dass wir dadurch Millionäre geworden wären. Unsere alltäglichen Denkbahnen über Geld haben wir für einige Momente losgelassen. Wir haben unsere eingeübten Bezahlungsgewohnheiten verlassen. Und es ist jedes Mal dasselbe Erleben: die Idee, die Skepsis, die Hoffnung, dass es gut gehen möge, die Begeisterung und das Misstrauen. Gewinner sind immer die Beteiligten. Sie lassen sich auf die Erfahrung ein, dem anderen zuzutrauen, dass er oder sie nicht "bescheißt" und auf Kosten anderer lebt.

Sie erleben, wie dieser gemeinschaftliche Prozess, diese Einbeziehung des Geldes noch einmal etwas anderes ist, wie zusammen kegeln, wandern, meditieren und anderes. Jedesmal macht sich neu Erstaunen in uns breit, dass es wundersame "Geldvermehrung" gibt und dass es nicht so wichtig ist, ob ich ein bisschen zuviel beigetragen habe zur gesamten Summe.

Wir möchten dich einladen, dich in diesen Erfahrungsbereich im Umgang mit Geld einzulassen und im Alltag kleine persönliche Experimente zu machen.

Ein evangelischer Pfarrer, ein katholischer Priester und ein Rabbi unterhalten sich darüber, wie sie die Kollekte für göttliche und für persönliche Zwecke aufteilen.

Der Pfarrer sagt: „Ich lasse Gott bestimmen. Ich male einen Kreis auf den Boden, stelle mich hinein und werfe das Geld in die Luft. Was außerhalb des Kreises herunterfällt, gehört dem Herrn, und was im Kreis liegen bleibt, gehört mir.“

Der Priester bestätigt: „Ich mache es fast genauso. Nur ist es bei mir so, dass das, was im Kreis landet, Gott gehört, und was außerhalb ist, behalte ich.“

Der Rabbi meint: „So ähnlich mache ich es auch. Ich werfe das ganze Geld hoch in die Luft, und was Gott sich schnappt, gehört ihm.“

Lehre mich tanzen

Man kann es nicht genau sagen: war Alexis Sorbas nun eine geniale Hilfe oder hat er mit seinen Iceen das gesamte Geld seines selbstgewählten englischen Chefs durchgebracht?

Das Bergwerkprojekt war jedenfalls gescheitert, und das Liebesabenteuer hatte zu einem archaischen "Ehrenmord" geführt. Das neue Projekt aber war grandios: Eine Seilbahn, die die Baumstämme des Waldhanges direkt bis zum Meeresufer bringen sollte.

Zur Einweihungsfeier ist das ganze Dorf versammelt. Nach der Segnung durch die Geistlichkeit gibt Sorbas mit einem Flintenschuss das Startsignal. Oben wird der erste Stamm losgeschickt. Am Stahlseil hängend schwebt er rasch an den ersten Stützen vorbei, nimmt überraschend stark an Fahrt zu. Geschwindigkeit und Gewalt werden so groß, dass einige Stützen unter großem Getöse einbrechen. Einem Geschoss gleich kommt der Stamm auf die unten wartende Festgesellschaft zu, die in Panik auseinanderstiebt. Nur zwei bleiben regungslos stehen. Der Stamm schießt über ihren Köpfen hinweg und reißt die gesamte Seilbahn, Stütze um Stütze um.

Als der dichte Staub sich gelegt hat, lösen sich die beiden langsam aus ihrer Starre. Nach einer Weile sagt Sorbas:

„Chef, hast du jemals etwas so schön zusammenkrachen sehen?"

„Lehre mich tanzen!" ist die Antwort dessen, der jetzt endgültig sein gesamtes Kapital verloren hat.

Und dann tanzen die beiden Männer jenen berühmt gewordenen Syrtaki. Und es scheint, als ob in diesem Moment nichts, aber auch nichts auf der Welt wichtiger sein könnte als ihr Tanz.

Hassapikos
lehren und lernen
Schritt für Schritt
Sprung um Sprung
erinnern
das Ganze wagen
immer wieder
er innernd
jeder für sich
und doch zusammen
den
Sprung in die Mitte
wagen

Unser griechischer Tanzlehrer gibt uns die Anweisung, dass wir uns in einer Reihe hinter ihm aufstellen sollen. Mit kargen Worten führt er in den Tanz ein. Dann stellt er die Musik an und beginnt mit uns den Hassapikos zu tanzen.

Er beginnt nicht mit den Grundschritten, nein die gesamten Variationen sind im ersten gemeinsamen Tanz verpackt. Darüber nachzudenken, welche Schrittkombination als nächste kommt, ist aussichtslos. Die Musik spielt schneller, als dass meine Denksignale bei den Füßen ankommen. Die mühsam erworbenen Lerngewohnheiten versagen.

Soll ich aufgeben, stehen bleiben, aus dem Tanz herausfallen oder mich wie ein Kind der Nachahmung hingeben?

Soll ich einfach auf die Füße des Tanzlehrers vor mir schauen und seinen Schritten nachtanzen?

Ich entscheide mich dafür und meine Bewegungen werden fließend. Der Rhythmus der Musik beginnt meinen Körper zu erfassen. Ich wage mitzuspringen, auch wenn meine Sprünge den seinen noch nachhinken.

Auch wenn ich noch abhängig vom Vorbild des Lehrers bin; ich tanze für mich, bin ganz konzentriert bei mir und gleichzeitig verbunden mit den anderen Tänzern.

Ich suche nicht – ich finde.

Suchen, das ist Ausgehen von alten Beständen
und das Finden-Wollen von bereits Bekanntem
im Neuen.

Finden, das ist das völlig Neue.
Das Neue auch in der Bewegung.
Alle Wege sind offen,
und was gefunden wird, ist unbekannt.
Es ist ein Wagnis – ein heiliges Abenteuer.

Die Ungewissheit solcher Wagnisse
können eigentlich nur jene auf sich nehmen,
die im Ungeborgenen sich geborgen wissen,
die in der Ungewissheit geführt werden,
die sich im Dunklen
einem unsichtbaren Stern überlassen,
die sich vom Ziel ziehen lassen
und nicht, menschlich beschränkt und eingeengt,
selbst das Ziel bestimmen.

Dieses Offensein für jede neue Erkenntnis
im Außen und Innen:
das ist das Wesenhafte des modernen Menschen,
der in aller Angst des Loslassens
doch die Gnade des Gehaltenseins
im Offenwerden neuer Möglichkeiten erfährt.

Pablo Picasso

Ein Lama, ein Rabbi und ein Bischof machen eine Bootsfahrt. Nach einer Weile sagt der Lama, er habe Hunger und wolle etwas essen gehen. Spricht's, steigt aus dem Boot und läuft übers Wasser ans Ufer. Daraufhin meint der Rabbi, er habe ebenfalls Hunger – steigt auch aus dem Boot und gelangt über das Wasser ans Ufer.

Der Bischof traut seinen Augen kaum, dann denkt er, was die können, kann ich auch.

„Halt, wartet auf mich, ich komme mit!"

Er steigt aus dem Boot, um übers Wasser zu laufen und versinkt.

Da rufen die beiden am Ufer: „Du musst schon auf die Steine treten!"

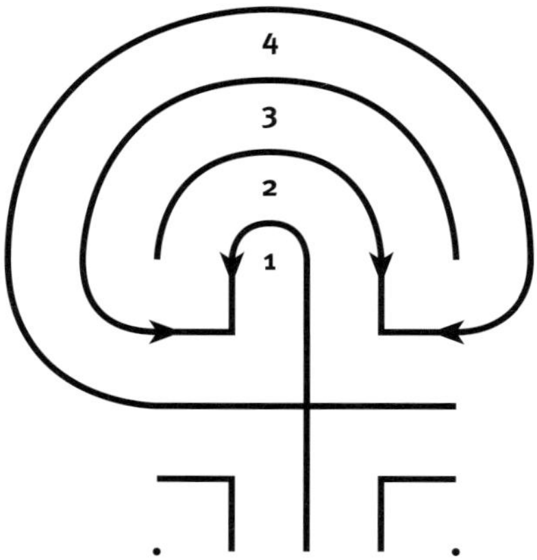

Du hast das Prinzip sicher schon verstanden.

Erster, zweiter, dritter und vierter Bogen.

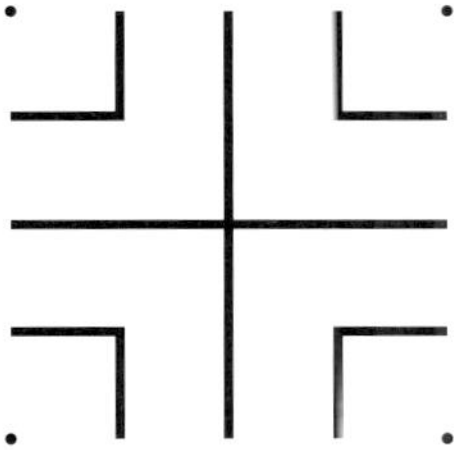

Donnerstag
Jeudi
Thursday

Mit Güte und Weisheit

führt Jupiter mich in meinen eigenen,

heiligen Raum.

Mich selbst zu finden

ist Ruhe

inmitten des Sturms.

Gelassenheit

„Der Weg zur Gelassenheit liegt darin,
die Gegenwart wahrzunehmen
und sie ungehindert
auf dem Fluß unseres Bewusstseins schwimmen zu lassen."

Irvin D. Yalom

Am Meer

Ich sitze am Meer und schaue zu, wie er Steine aufeinander setzt. Steine, die am Ufer umher liegen, wie die Menschen neben mir am Wasser. Die aufgerichteten Steine werden zu Skulpturen, zu Steinmännern und -frauen. Mit beiden Händen, die Füße fest auf der Erde, konzentriert, gemittet und in ruhiger Gelassenheit steht er da und stellt zwei, drei oder vier Steine aufeinander. Es sind große, schwere und kleinere Steine, eckig oder gerundet. Oft berühren sie sich nur auf kleiner Fläche, schweben fast, einer auf dem anderen.

Aus einer Skulptur wird eine ganze Gruppe. Sie stehen und schauen aufs Meer hinaus, als würden sie auf etwas warten. Vorübergehende werden auf sie aufmerksam, kommen näher, um die Steinmenschen zu besuchen.

Sie wandeln durch die Skulpturenlandschaft und es ist von weitem sichtbar, wie sie zu rätseln beginnen: Sind die Steine aufeinander geklebt? Kann das sein, dass sie einfach so aufeinander schweben? Ein Mann tippt mit dem Finger an eine der Figuren, um dies zu prüfen. Krachend fällt der Stein. Erschrocken und hastig beginnt er seine Tat wieder gut zu machen. Nach verzweifelten Bemühungen greift er zur List und holt sich ein kleines Steinchen zur Hilfe. Gott sei dank, das labile Gebilde scheint wie vorher dazustehen. Vorsichtig entfernt er sich, rasch und sichtbar erleichtert, entkommen zu sein. Niemand sieht mehr, dass zwischen dem Vorher und Nachher etwas verborgen liegt. Ein leichter Wind streicht vom Meer her. Der Stein fällt.

Worin liegt das Geheimnis, dass ein Stein auf dem anderen bleibt? Ich sehe die unterschiedliche Haltung der beiden Männer, wie sie sich hineinstellen in die Natur der Steine, aus ihr schöpfen und sie betrachten. Das Aufrichten der Steine spiegelt sich im Aufgerichtetsein in der Leibmitte, die Berührung des Steines mit beiden Händen, so als sprächen sie mit ihm, läsen seine Struktur, hörten auf seine Beschaffenheit.

Spüren, wann die Zeit gekommen ist, loszulassen im Vertrauen, dass der eine auf dem andern bleibt, weil er Verbindung geschaffen hat, weil die Struktur ineinander greift, weil der Wille des schöpferisch Tätigen sich der Steinnatur mitteilt.

Im Gleichgewicht

Jemand hat mir eine Postkarte geschenkt, auf der ein Steinmännchen abgebildet ist. Im himmelsblauen Hintergrund ein Text: „Nur Ruhe und Gelassenheit bringen dich ins Gleichgewicht.“ Könnte man es auch anders herum sagen: „Wenn du Gleichgewicht suchst, findest du auch Ruhe und Gelassenheit?“ Es erinnert mich an die Philosophen des klassischen Griechenlands. Die Epikureer und die Stoiker sprechen von “Seelenfestigkeit” und “Gleichmütigkeit”. Der römische Philosoph Seneca nennt es “Seelenruhe”. Alle sind sich einig darin, dass das in sich ruhende, ausgeglichene Selbst Grundbedingung ist für den freien Menschen. Sie meinen dabei nicht, dass nichts Widersprüchliches in der Seele existieren dürfe. Im Gegenteil, es darf sowohl das Widerstrebende und Schmerzliche in seiner Tiefe ausgelotet als auch das Angenehme und Lustvolle intensiv erlebt werden. Das Gleichgewicht in der Mitte ist nicht lauwarmer Gemütszustand, sondern ist das Ergebnis aktiven Austarierens von Widersprüchen. So wie ich es beim Bauen von Steinmännchen erlebe: Erst wenn ich dem Kippen des Steines nach links mit meinen Händen und meinen Sinnen nachgehe, sein ganzes Gewicht spüre und im Korrigieren nach rechts dasselbe nach der anderen Seite hin erlebe, bekomme ich ein Gefühl für die vielleicht mögliche Mitte. Es ist nur ein kurzer, sehr flüchtiger Moment. Ein kleiner Punkt. Wenn ich ihn aber nach vielem Hin und Her und der immer wieder erfolgten inneren Bekräftigung, dass es möglich ist, plötzlich finde, ruht das Gleichgewicht in sich selbst. Das ganze Gewicht des Steines dient diesem einen Punkt des Gleichgewichts. Da kann ruhig ein Windstoß kommen: der Stein ruht in seiner Mitte.

Eine junge Frau heiratet einen Cellisten, der den ganzen Tag lang zu Hause übt, immer denselben Ton. Geduldig erträgt die Frau es fünfzig Jahre lang. Eines Abends, nach einem Hauskonzert, auf dem viele begabte Musiker spielten, fragt sie ihren Mann:

„Warum spielen die anderen so viele verschiedene Töne, und du spielst immer nur den einen Ton?“

„Ich nehme an“, entgegnet er, „sie haben ihren Ton noch nicht gefunden.“

Mit sich selbst verbinden

In meinem Alltag gerate ich leicht “außer mir”!
Es sind äussere Reize und Anforderungen, die mich nach außen ziehen. Lärm, grelle schnelle Bilderfolgen, Anrufe und Aufgaben, die getan werden wollen.

Wie kann ich mich immer wieder innerlich zurückrufen, zu mir kommen, mein Zentrum wahrnehmen und erkennen, was ich an diesem Tag, in dieser Zeit und in meinem Leben will?

Ab und zu kann ich aus dem Alltag “aussteigen”, indem ich eine Zeit frei nehme oder Urlaub mache und meinen Impulsen nachgehe. Was kann ich aber tun, was Tag für Tag wirksam wird?

Der italienische Arzt und Begründer der Psychosynthese, Roberto Assagioli hat eine schlichte Übung vorgeschlagen, die im Alltag leicht zu integrieren ist und die Qualität, selbstbestimmter zu handeln, in unser Leben bringt.
Du kannst folgende Übung durchaus täglich machen und wirst merken, dass sich dieser neutrale Punkt der reinen Bewusstheit, der Standpunkt also des “inneren Beobachters” oder “inneren Zeugen” immer mehr stärkt. Je stärker er aber wird, desto mehr wächst auch die innere Haltung der Gelassenheit. Denn in diesem Punkt gibt es weder Verwirrung der Gefühle, noch angstvolle Vorstellungen, noch drängende Begierden.

Nimm dir eine Zeit, dich ganz mit deinem Körper zu verbinden. Werde dir seines Wertes bewusst, indem du dich erinnerst, was du in den vergangenen Stunden alles mit ihm erlebt und zustandegebracht hast. Wie und wohin hast du dich mit ihm bewegt, welche Möglichkeiten, dich auszudrücken, gibt er dir? Mach dir bewusst, dass du einen Körper hast, jedoch dass dein Dasein noch mehr ausmacht.

Ich habe einen Körper, aber ich bin nicht mein Körper.

Du hast auch Gefühle. Was fühlst du in dem Augenblick, in dem du dies liest? Welche Gefühle hast du am heutigen Tag gefühlt? Beim Aufwachen, beim Arbeiten, während Deiner Gespräche heute?
Mach dir bewusst, dass du Gefühle hast und dass sie nicht alles sind.

Ich habe Gefühle, aber ich bin nicht meine Gefühle.

Du hast Gedanken. Was denkst du, wenn du diese Zeilen hier liest?
Welche Gedanken hattest du heute morgen beim Aufstehen?
Wie waren deine Gedanken beim Arbeiten? In der Wertschätzung deiner Fähigkeit denken zu können, sage dir:

Ich habe Gedanken, aber ich bin nicht meine Gedanken.

Ich bin ein Zentrum reiner Bewusstheit.

Lagune

Es ist Abend am Meer, ein heißer Tag. Drei Boote liegen inmitten der Lagune auf dem Wasser. Dazwischen stehen Männer und Frauen bis zur Brust im warmen Meer. Worte und Gelächter schallen ans Ufer herüber. Irgendwann verabschieden sie sich, besteigen ihre Boote, und ihre Abschiedsworte werden von den Motorengeräuschen geschluckt. Sie nehmen den Weg zum offenen Meer. Der Feierabend ist eingeläutet. Vielleicht hast du ähnliches in deinen Ferien erlebt und auch in dir hat dies Spuren hinterlassen, vielleicht auch Sehnsucht nach dieser entspannenden Atmosphäre. Du kannst es hier in deiner alltäglichen Situation aufleben lassen, indem du dir einen Zeitraum gibst, dich niederzulassen, auszuatmen und dir vorzustellen:

Du sitzt oder liegst am Ufer eines Sees, an einem Fluss oder am Meer.
Schließe die Augen und öffne dein Ohr für die Laute, die das Wasser ertönen lässt, wenn die Wellen ans Ufer rollen, platschen, rauschen und höre darauf, wie es tönt, wenn das Wasser kommt und wenn es sich wieder entfernt.
Lass in dir, während du ganz im Hören bleibst, die Vorstellung erwachen, dass das Wasser durch deinen Körper hindurchfließt, durch deine Gedankenwelt zieht, und fühle seine weiche Berührung.
Stell dir vor, dass das Wasser Hinderliches, Belastendes aus der Welt deiner Gefühle und Gedanken herausschwemmt, mit sich nimmt und wie Gelassenheit in dir Raum gewinnt und Heiterkeit zurücklässt.

Der erste Schritt der Änderung beginnt mit einem scheinbaren Paradoxon: Annehmen und Da-Sein-Lassen, was ist.

Mein innerer Alltag ist zu oft geprägt von Nicht-Sehen-Wollen, Nicht-Hören-Wollen, Nicht-Spüren-Wollen. Der Gedanke, dass ich heute noch diesen Anruf machen muss: schnell weg damit; dieses sonderbare Gefühl von Traurigkeit, von dem ich gar nicht weiß, woher es kommt: schnell weg damit; dieser Druckschmerz in der Magengegend: schnell weg damit. Mit dieser Methode komme ich immer mehr weg von dem, was ich eigentlich suche: ein Mehr-bei-mir-Sein, einen ruhigeren Fluss.

Meine Erfahrung ist, dass es einen einfachen Weg dorthin gibt: Ich gebe den Magenschmerzen einen Raum in meinem Bewusstsein, ich lade sie ein, hereinzukommen, widme ihnen meine ganze Aufmerksamkeit. Und es passiert etwas Merkwürdiges: Zunächst scheinen die Schmerzen größer zu werden, meinen ganzen Bewusstseinsraum ausfüllen zu wollen. Gleichzeitig ist es so, als ob sie sich in diesem großen Raum wie verdünnen, nicht mehr auf einen Punkt konzentriert sind. Und dann ist in diesem Punkt nur noch die Verdünnung zu spüren. Er ist noch da, der Schmerz, aber freundlicher, vertrauter, nicht mehr bedrängend. Er hat von mir bekommen, was er wollte: er wurde eingeladen, nach Hause zu kommen. Jetzt ist die Möglichkeit da, ihn anzuschauen, mit ihm zu sprechen.

Das muss nicht gleich sein. Das kann vielleicht auch noch ein wenig warten. Manchmal kommt dieses Gespräch von allein – und damit die Veränderung.

Der rote Luftballon

Unser Treffpunkt nach dem Gang durch den Bauernmarkt ist beim "Cristallo", dem "einheimischen" italienischen Eiscafé. Ich bin zuerst da und nehme vorsorglich unter einem der riesigen Sonnenschirme und ganz in dessen Mitte Platz, es hat sich nämlich eingeregnet. Kaum ist die Freundin da, beginnt der nächste Wolkenbruch an diesem Morgen und es scheint, dass er kein Ende nehmen will, Wassermassen über uns auszugießen. Ganz im Gegensatz dazu hat unsere italienische Bedienung ihre Leistung, Kaffee auszuschenken, eingestellt, weil sie dabei unter einem Stück freien Himmel herbeieilen müsste.

Wir freuen uns, dass diese Sonnenschirme sich gleichermaßen als Regenschirme eignen. Menschen eilen unter ihren kleineren Regenschirmen vorbei und dann taucht plötzlich im Regengrau ein knallroter Luftballon auf. Er scheint über dem Haupt eines beleibten Mannes zu schweben, von ihm an einer Schnur gehalten, als sei es sein Regenschirm, unter dem er trockenen Fußes durch den Regenguss schreitet.

Gemessenen Schrittes geht er unter seinem Ballon dahin, ganz anders als die Menschen, die unter ihren Schirmen vorbeihuschen. Er will sich nicht rasch unterstellen. Er trägt einfach seinen knallroten Luftballon durch den Regen. Das Geschaute erheitert uns so, dass wir augenblicklich den Entschluss fassen, mit dem Regen weiter unserer Wege zu gehen.

Spulen wir die Zeit zurück, nehmen wir an, die beiden Freundinnen hätten ihren Capuccino bekommen, der erwartete Gang der Dinge wäre fortgesetzt worden. Ein Löffel Zucker, umrühren, vielleicht vom Milchschaum naschen, plaudern. Den Herrn mit seinem roten Ballon hätten die beiden wahrscheinlich gar nicht gesehen. So wie die Geschichte aber lief, wurde der gewohnte Ablauf unterbrochen. Die Rädchen bleiben stehen und wir mit ihnen.

Plötzlich sind wir wie in einem anderen Film. Bewusstsein und Wahrnehmung ändern sich. Wir sehen und hören Dinge, die wir normalerweise nicht wahrgenommen hätten. Vielleicht kann man sogar sagen, dass wir immer dann, wenn wir solche Geschenke des Augenblicks bekommen, wieder mehr mit Kinderaugen sehen können. Geschenke des Augenblicks sind meist ungeplant und unverhofft.

Es gibt sie immer wieder, diese unverhofften Augenblicke. Und wir tun uns Gutes, wenn wir sie als willkommene Unterbrechung begrüßen.

Wir können aber auch, wenn wir wollen, solche kleinen Augenblicke bewusst in den Alltag einbauen. Du kannst, wenn das Telefon läutet, zuerst einen tiefen Atemzug nehmen, bevor du zum Hörer greifst. Du kannst, wenn du dich zu einer Tasse Tee oder Kaffee niederlässt, dich wirklich niederlassen und dies dadurch unterstützen, indem du drei Atemzüge lang die Augen schließt. Wenn du sie wieder aufmachst, wirst du deine Umgebung anders sehen – irgendwie genauer, mit mehr Abstand.

Du wirst erleben, dass dein Ich wieder ein bisschen mehr in dich hineingerutscht ist, wieder mehr mit deiner Mitte in Verbindung ist. Ein guter Boden, um Gelassenheit sich ausbreiten zu lassen. Wenn dann noch beleibte Herren mit roten Luftballons durch dein Wahrnehmungsfeld spazieren, kommt auch unverhofft die Heiterkeit daher.

Verlangsamung

Auf einem Studentenseminar wurde unsere Morgenveranstaltung vom Gong unterbrochen, mit dem uns der Koch zum Mittagessen rief. Die gesetzte Zeit war schon überschritten und wir eilten im Temposchritt dem Speisesaal entgegen. Plötzlich sehe ich vor mir unseren Seminarleiter, wie er gemessenen und ruhigen Schrittes vor uns herschreitet. Als hätte er alle Zeit der Welt. So rechtzeitig wie wir begann er mit seinem Essen.

Seither trage ich in mir ein Bild, das immer wieder auftaucht und mich ermutigt, einen Schritt vor den anderen setzend mich meinem Ziel zu nähern.

Willst du dich darauf einlassen, ab und zu in der Eile des Alltags deine Schritte zu verlangsamen, im Dahineilen dich zu entschleunigen und dabei die Erfahrung machen, dass du dich Schritt für Schritt deinem Ziel näherst?

Welche Auswirkungen hätte es, wenn du beim Autofahren statt zu beschleunigen, dich ab und zu verlangsamen würdest, vielleicht nur für einige Minuten?

Erreichst du dein Ziel tatsächlich so viel später?

Mich niederlassen
still werden um loszulassen
Gedanken kommen und gehen
den Atem gehen und kommen lassen
Empfindungen und Gefühle kommen
und wieder gehen lassen
mich atmend da sein
mich ruhen lassen
und gelassen da sein
Ansprüche, Erwartungen kommen
und gehen, Räume offen lassen
mich weiten lassen
Zeit vergehen lassen
Ewigkeit entstehen lassen
lächelnd, heiter, um auch sie
wieder zu lassen
das Leben einfach fließen lassen
und auch dann das Lassen
lassen
einfach sein
und dann anfassen
was das Leben mir gelassen hat
zu tun

Karl Heinz Reichert

Ich sollte – ich könnte

Ich stehe am Fenster, schaue auf die Dächer der Stadt, den Kirchturm des Münsters und bewundere den freien Tanz der hauchzarten Schneeflocken. Jede Flocke, die ganz für sich und gleichzeitig zusammen mit abertausend anderen zur Erde schwebt. Wie ein zarter Vorhang, durch den ich auf die Stadt schaue.

Am Ohr habe ich den Hörer des Telefons und wir unterhalten uns über unsere schriftliche Zusammenstellung unter dem Thema "Heitere Gelassenheit". Wir reden von der Schwere, die das Thema bekommt, wenn der Zeitdruck auf ihm lastet. Zeitdruck beim Schreiben und Zusammenstellen der Übungen.

Wieviel Druck verträgt heitere Gelassenheit, bevor sie verdrängt wird?

Ist es so, dass wir lernen können, sie innerlich zu bewahren, wenn Äußeres bedrängend wird?

Vielleicht heißt das auch, dass wir uns Zeiträume schaffen sollen und wollen, Platz einräumen für die Heiterkeit und Gelassenheit, damit sie ihren "Duft" entfalten können.

Eine kleine Übung fällt mir an dieser Stelle ein. Wenn du willst, dann lade ich dich zu einem Experiment ein:

Schreibe dir in einigen Sätzen auf ein Blatt Papier, was du alles solltest.

Ich sollte ...
Ich sollte ...
Ich sollte ...
...

Dann schau dir diese Sätze an und beobachte ihre Auswirkung auf deine Gefühle, deinen Körper. Vielleicht wird dir schwer ums Herz, oder ein Gewicht scheint plötzlich auf deinen Schultern zu lasten.

Und jetzt braucht es nur eine kleine Veränderung. Schreibe die Sätze noch einmal und ersetze das Wort "sollte" mit dem Wort "könnte".

Ich könnte ...
Ich könnte ...
Ich könnte ...
...

Dann lies deine neu gestalteten Sätze.
Genieße die veränderte Wirkung.

Der innere Zeuge im Tagesrückblick

Was ist es, was am Fernsehen am meisten fasziniert? Es ist die Tatsache, dass ich außenstehender bzw. -sitzender Zuschauer sein kann, ohne selbst ins Geschehen verwickelt zu sein. Wünschst du dir auch manchmal, dies in deinem Alltag zu können? Du kannst es. Jeden Abend.

Nimm dir einen geschützten Raum von etwa zehn Minuten. Stell dir vor, dass du den ganzen Tag von einer Kamera gefilmt worden bist. Jetzt schaust du dir diesen Film an, und zwar so, dass du ihn immer ein Stückchen zurückspulst. Du siehst also, wie du gerade vorher noch in deinem Buch gelesen hast. Du siehst dich in deinem Sessel sitzend. Du registrierst dabei auch, wie du dich dabei gefühlt hast. Du registrierst nur, nichts weiter. Du registrierst vielleicht auch noch einen besonderen Gedanken, den du dabei hattest, bleibst aber nicht in diesem Gedanken verhaftet, geschweige denn, dass du ihn weiterführst. Du bist dir lediglich dieses Gedankens bewusst. Jetzt spulst du den Film weiter zurück: Du siehst dich den Tisch abräumen. Davor siehst du dich im Kreis deiner Familie Abendessen.
Und wiederum: Du registrierst vielleicht eine Sequenz aus der Unterhaltung, dass du dich über eine Bemerkung geärgert hast – du gehst aber nicht wieder in den Ärger hinein, stellst ihn nur fest. Du bleibst nicht hängen, spulst weiter zurück. Bis du zum Aufwachen gelangt bist. Was war dein erster Gedanke, dein erstes Gefühl?

Wenn du dies jeden Abend tust, trainierst du deine Ich- und Willensstärke so, wie du deinen Bizeps trainierst, wenn du jeden Abend Liegestützen machst. Mehr noch: Dein innerer Zeuge wird immer mehr zu einer stabilen Instanz in dir. Er macht sich dann auch am Tag bemerkbar, mitten im Alltagsgeschäft und fordert dich auf, einen Blick auf dich selbst zu werfen, kurz innezuhalten, dir bewusst zu werden, was du denkst, fühlst und tust.

Und weil dein innerer Zeuge mit der Zeit unvermerkt immer mehr Zusammenhänge zwischen deinen Tagen, deinem Erleben, deinen Taten und Wirkungen feststellen wird, breitet sich allmählich eine wissende Gelassenheit und manchmal auch Heiterkeit über so manches aus, was du vorher allzu ernst genommen hast.

Nur wer sich treu bleibt, ändert sich.

„Gelassene Heiterkeit ist das Bewusstsein davon, dass in allem, was ist, auch noch anderes möglich ist; dass Höhen und Tiefen sich abwechseln wie Tag und Nacht, wie Ein- und Ausatmen; dass dies der Takt des Lebens ist, das aus der Polarität in allen Dingen seine Spannung bezieht.“

Wilhelm Schmid, “Mit sich selbst befreundet sein” Suhrkamp-Verlag,

Frankfurt am Main, 2004

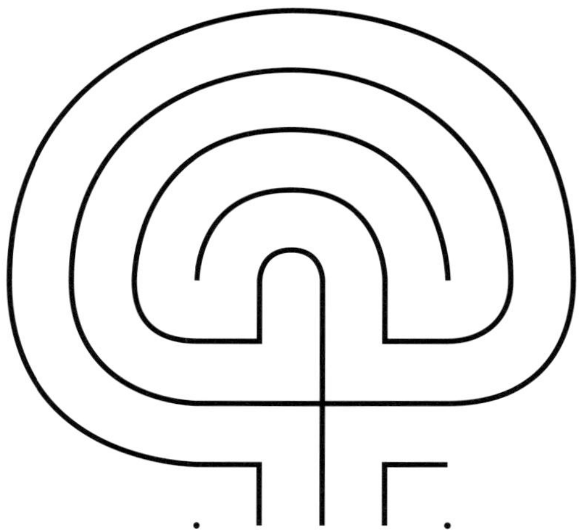

Fünf Bögen.

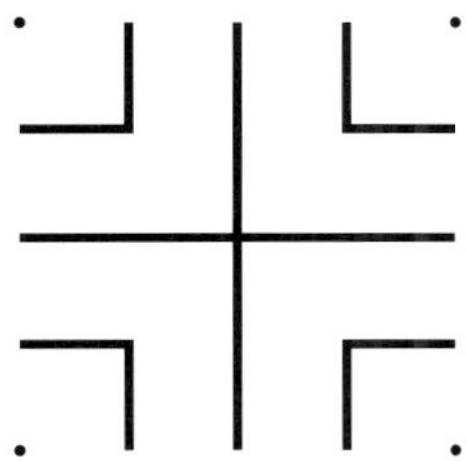

Freitag
Vendredi
Friday

Venus,

Göttin der Liebe,

lässt meine Seele zärtlich berührt sein

von der Schönheit der Welt.

Ein Ton erklingt

und breitet sich heilend aus.

Schönheit und Liebe

Aufsteigt der Strahl und fallend gießt
Er voll der Marmorschale Rund,
Die, sich verschleiernd, überfließt
In einer zweiten Schale Grund;
Die Zweite gibt, sie wird zu reich,
Der Dritten wallend ihre Flut,
Und jede nimmt und gibt zugleich
Und strömt und ruht.

Conrad Ferdinand Meyer “Der römische Brunnen”

Wenn ihr Frieden und Glück,
in euch selbst schafft, so beginnt ihr,
Frieden für die ganze Welt zu verwirklichen.

Mit dem Lächeln, das in euch erwacht,
mit dem bewussten Atem,
der in euch selbst gründet,
beginnt ihr für den Frieden in der Welt zu wirken.

Ihr lächelt nicht nur für euch allein;
vielmehr wird sich durch euer Lächeln
die Welt verändern.

Die Freude, die ihr beim Meditieren
auch nur einen Moment lang empfindet,
Heiterkeit und Glück –
mit all dem schenkt ihr der Welt
einen sicheren Ort des Friedens.

Thich Nhat Hanh

Sacharula, “die Süße”

Fremde waren damals in dem kleinen griechischen Gebirgsort noch eine Seltenheit. Strom gab es keinen, und für die Trinkwasserversorgung reichte ein Brunnen in der Mitte des Dorfes.

Mein Vorrat an sauberer Wäsche war ausgegangen und ich beschloss, am Brunnen zu waschen. Ich hatte kaum damit begonnen, da kam in wehenden schwarzen Kleidern, mit heftigem Gestikulieren und im hohen Ton der Entrüstung unverständliche griechische Sätze rufend, Sacharula, meine Nachbarin, angelaufen. Später erfuhr ich, dass Sacharula “die Süße” heißt. Im Moment erinnerte sie mich mit den einzigen im Mund verbliebenen beiden Schneidezähnen eher an eine Hexe. Auch das, was sie jetzt tat, konnte keineswegs diesen Eindruck mildern: Sie raffte meine Wäsche zusammen, stieß mich, als ich Einhalt gebieten wollte, energisch zurück und verschwand mit ihrer Beute so, wie sie gekommen war.

Ich war ratlos. Konnte ich mich doch mit der alten Frau nicht um meine Wäsche balgen. Hatte ich etwas Unschickliches getan? Durfte man am öffentlichen Brunnen keine private Wäsche waschen? War sie verrückt? Und war meine Wäsche jetzt auf Nimmerwiedersehen verloren? Da ich kein Griechisch konnte und im Ort niemand war, der Englisch geschweige denn Deutsch sprach, konnte ich mich auch mit niemandem darüber auseinandersetzen. Ich fand mich damit ab, dass ich am nächsten Tag in die Hafenstadt fahren würde, um mir ein paar neue Sachen zu kaufen.

Als ich am nächsten Morgen aus der Türe trat, da lag in der Sonne auf der Steinbank sorgsam zusammengelegt meine Wäsche, frisch gewaschen und gebügelt. Und zwischen den einzelnen Wäschestücken Rosenblätter!

Das Lächeln

Es ist ein ganz besonderer, fast möchte man sagen einzigartiger Geruch. Still sitze ich hier und atme den Anblick meines schlafenden Kindes ein. Die uralten hebräischen Worte "va ruach elohim" kommen mir in den Sinn. "Und der Geruch, der Geist Gottes", der über den Wassern schwebt – so heißt es in der Schöpfungsgeschichte. Da schlägt mein kleiner Sohn die Augen auf, und aus diesen Augen, aus dem ganzen zarten Gesicht strahlt mir ein Lächeln entgegen, das so großartig, so gewinnend, ja so entwaffnend ist, dass ich gar nicht anders kann, als ebenso zurückzulächeln. Ich glaube, wenn mir in diesem Augenblick jemand einen Spiegel vorhielte, würde ich in ein Gesicht schauen, das einen ganz weichen und glücklichen, gleichsam paradiesischen Ausdruck hätte. Es ist so etwas wie reines Glück, das ich in diesem Augenblick erlebe.

Auch in weniger "heiligen" Momenten können wir das Aufblitzen dieses Glücks erleben. Im Café z. B. oder in der Straßenbahn, wenn dich ein kleines Kind über die Schulter seiner Mutter hinweg plötzlich anlächelt und dir ein ebenso durch und durch freundliches, vertrauensseliges Lächeln entlockt, das aus deinem Gesicht, das vielleicht eben noch angespannt, allzu nachdenklich oder verschlossen war, eine aufgehende Sonne macht. In solchen Momenten bedauern wir, dass wir dieses offene, vertrauensvolle Lächeln so verlernt haben. Ganz und gar? In Momenten des Verliebtseins, so scheint es, leuchtet diese Fähigkeit noch einmal durch. Da können sich solch hingebungsvolle Blicke begegnen. Meist aber sind ihnen doch schon andere Essenzen beigemischt: Erwartungen, Wünsche, Identifikationen und Projektionen. Die unschuldige Reinheit ist nicht mehr gegeben. Die Sehnsucht danach aber bleibt. Und wenn eine Fee käme und mir einen Wunsch gestatten würde, wie wäre es mit diesem: Ich möchte einmal am Tag so lächeln können wie ein Kind. Beim Anblick des glitzernden Lichtes auf den Wellen eines Baches, beim Ertönen der Abendmelodie einer Amsel, beim Lesen eines Gedichtes, bei einer zärtlichen Berührung. Wäre das nicht wie eine wunderbare Medizin inklusiv aller durchaus erwünschten Nebenwirkungen?

Manchmal glaube ich dieses Lächeln bei alten Menschen zu entdecken. Es scheint allerdings nicht die Initialzündung der Begegnung des Blickes eines Anderen zu brauchen. Es ist einfach da, eher nach innen gerichtet – nach außen erscheint Güte. Güte angesichts des Auf und Ab im Leben, des Gelungenen und Misslungenen – bei sich und anderen.

Lass deinen Körper lächeln

Wenn du die heilende Erfahrung des Lächelns machen möchtest, dann setze dich erst einmal gemütlich hin. Leistungsdruck ist nicht angebracht, sondern Freundlichkeit dir selbst gegenüber. Kannst du dir diesen Raum schaffen?
Wenn ja, dann stelle dir das Lächeln eines kleinen Kindes vor. Nimm vor allem seine Augen wahr und versuche ihre Wirkung auf dich zu erleben. Lass deine eigenen Augen dieses Lächeln aufnehmen.
Spüre, wie deine Seele sich in deinen Augen öffnet, so wie die auf dem Teich schwimmende Seerose unter dem Licht der Sonne ihre Blüte öffnet.
Lass das Lächeln deiner Augen sich auf dein ganzes Gesicht ausbreiten. Nimm wahr, wie es sich entspannt, die Stirn sich glättet, deine Mundwinkel sich ganz leicht, fast unmerklich nach oben ziehen. Von deinem Atem wird dein Lächeln getragen wie von einer sanften Welle.
Nach einer Weile schicke dein Lächeln in deinen Hals und von dort in Nacken und Schultern.
Dann schenke dein Lächeln deinen Armen und Händen, deinem Herzen und dem gesamten Brust- und Rückenraum. Von dort sende dein Lächeln in deinen Ober- und Unterbauch.
Hast du dich schon einmal mit der Vorstellung vertraut gemacht, dass auch deine Pobacken lächeln können?
Jetzt lass dein Lächeln langsam durch deine Beine hinunter bis in die Füße wandern, und dann noch hinein in die Erde, in der du verwurzelt bist. Hebe dein Lächeln zuletzt in einem großen eiförmigen Bogen um dich herum hoch bis über dein Haupt und ruhe noch eine Weile in diesem Ur-raum des Lächelns aus.

Der griechische Philosoph Diogenes war bekannt für seine Vorliebe für Einfachheit. Er lebte in Korinth in einer Tonne und konzentrierte sich aufs Wesentliche. Eines Tages besuchte ihn Alexander der Große, der – auf der Höhe seiner Machtfülle angekommen – Diogenes versprach, ihm einen Wunsch zu erfüllen, ganz gleich, welchen er äußern würde. Diogenes – vor seiner Tonne sitzend – bat den vor ihm stehenden Alexander nur um eines:

„Geh mir bitte ein wenig aus der Sonne."

Heilsame Begegnung

Du kannst diese Zeilen hier nur lesen, weil es mindestens einen Menschen in deinem Leben gab oder gibt, der dich gesehen und angenommen hat, wie du wirklich bist. Du wärst ansonsten seelisch verkümmert und kaum offen dafür, dich mit der Heiteren Gelassenheit zu befassen.

Vielleicht regt sich in dir sofort ein Widerspruch und du sagst, dass das zu krass ausgedrückt ist und du dich außerdem nicht an einen solchen Menschen in deinem Leben erinnern kannst?

Aber dann, früher oder später taucht in deinem inneren Bild eine Gestalt auf, ein Gesicht, ein bestimmter Geruch oder Ton, der zu diesem Menschen passt. Der Mensch zeigt sich dir, bei dem du dich zuhause gefühlt hast, der in dir ein Wohlgefühl ausgelöst hat. Du hast dich plötzlich ganz in Ordnung befunden. Von dir wurde nicht ein bestimmtes Verhalten, eine besondere Leistung, ein bestimmtes Aussehen erwartet. Ja, die Erwartung an dich ist ausgeblieben und das hat in dir den Raum geöffnet, deine Eigenart zu entfalten. Ein gutes Lebensgefühl.

Wenn du willst, dann stelle dir vor, dass du diesen Menschen jetzt einlädst, ein wenig bei dir zu verweilen.

Schau, wie er vor deinem inneren Auge auftaucht oder auf andere Art und Weise in deine Wahrnehmung kommt, indem du ihn dir auf einem Foto ansiehst. Genieße seine Gegenwart, die Vertrautheit. Vielleicht willst du mit ihm reden, Fragen stellen oder ihm einfach mitteilen, wie es dir geht. Du kannst dich auch an ihn anlehnen, dich in den Arm nehmen lassen oder dich mit ihm an einem deiner Lieblingsplätze niederlassen.

Öffne dich für diese wohltuende Lebensenergie, lass deinen Körper dieses "Gelassenwerden" aufnehmen, fühle das Angenommensein und genieße das Loslassen in seiner Gegenwart.

Vielleicht könnt ihr über etwas zusammen lachen, das Humorvolle in den alltäglichen Gegebenheiten finden.

Nimm dir das, was du brauchst.

Es liegt bei dir, dich immer wieder im Anschauen dieses Menschen zu finden.

„Wenn ich von Deinem Anschaun tief gestillt
mich still an deinem heilgen Wert vergnüge,
vernehm ich leis die Atemzüge
des Engels, welcher sich in dir verhüllt.“

Eduard Mörike

Ich schaue einen Menschen an. Stillt mich sein Anschauen oder ist es das Angeschaut werden? Ich sehe nicht, ich schaue! Schauen ist ganzheitliches “Sehen”, keine Teil-Ansicht, kein Abwägen, was ich Gutes oder weniger Gutes, Schönes oder weniger Schönes sehe. Es ist eine Gesamtschau, an der alle meine Sinne teilnehmen. Ich schaue sinnvoll und zugleich absichtslos. „Wenn ich von Deinem Anschaun tief gestillt ...“; der Blick des Säuglings während des Stillens an der Mutterbrust. Es ist ein nach oben, zum Gesicht der Mutter hin geöffneter Blick. Ist die Nahrungsaufnahme wichtiger oder die Aufnahme des Mutterbildes im Erblicken ihres Gesichtes, oder beides zugleich? Es entsteht eine tiefe Innigkeit zwischen den beiden Wesen, die sich aufeinander schauend einlassen. Könnte das Kind Gedichte schreiben, würde es sich vielleicht so ausdrücken wie Mörike.

Diese geschenkte Qualität des Schauens zwischen Mutter und Kind bleibt als kostbares Gut der Begegnung erhalten, wenn die Mutter zustimmt, dass aus dem aufschauenden Blick des Kindes ein ebenbürtiger Blick auf Augenhöhe erwächst. Später genügt oft ein kurzer Augenblick zwischen beiden, um die Qualität des Angeschautwerdens aufleuchten zu lassen.

Von einem Menschen, dem ich liebend verbunden bin, nehme ich gerne. Ich vergnüge mich still an seinem heiligen Wert. Eine tiefe Wertschätzung, Wertachtung des Gegenübers schafft in mir einen Raum voll Vergnügens. Ich genüge, so wie ich bin und lasse genügend sein, den ich anschaue. In diesen Genügensraum hinein sind Atemzüge deines Engels zu vernehmen.

Still sein, gestillt sein, lauschen.

Der gestillte Säugling an der Mutterbrust lässt ganz einfach seine Augenlider sinken, nimmt das geschaute Bild in sein Inneres hinein, in seinen Schlummer. Ganz weich und offen werden seine Gesichtszüge, sein ganzer Körper entspannt sich, seine Atemzüge kommen und gehen ruhig. Er hat sich sattgesehen, ist still geworden in sich.

Der Gang zur Quelle

Schließe für einige Augenblicke die Augen. Lehne dich zurück und träume dich auf eine Wiese. Spüre den weichen Boden unter deinen Füßen, atme die Frische der Luft und den Duft der Natur ein.

Ein sanfter Windhauch streicht über deine Haut, die Sonne wärmt dich und dein Körper befindet sich in einer angenehmen Wohlspannung.
Dein Blick fällt auf einen Pfad, der durch die Wiese führt. Du beginnst diesen Pfad zu gehen und bald gelangst du an einen Wegweiser mit der Aufschrift "Zur Quelle".
Willst du diesen Weg einschlagen?
Wenn du dich entschieden hast weiterzugehen, folge dem Weg. Bald kommst du zu einem Bach, der nun dein Wegbegleiter wird. Der Weg entlang des Wassers führt in einen Wald. Schau, welche Bäume hier wachsen. Rieche den Duft des Waldbodens, fühle die Kühle im Schatten der Bäume.
Immer wieder geht dein Weg über eine Brücke. Du siehst das Wasser fließen, manchmal springt es über die Steine und es ist, als hörtest du es murmeln.
Unverhofft gelangst du auf eine Lichtung und zur Quelle des Wassers. Schaue, wie die Quelle beschaffen ist. Ist sie wie ein kleiner See im Grün der Umgebung eingebettet oder sprudelt das Wasser aus dem Fels. Was willst du tun, deine Hände in das Wasser tauchen, dein Gesicht damit benetzen? Dich an die Quelle setzen oder wagst du es gar, in ihr zu baden?
Was geschieht in dir?

Es bleibt dein Geheimnis.

Sichtlich beeindruckt erzählt ein Schüler seinem Meister, dass er einen heiligen Mann getroffen habe, der in die Zukunft sehen kann und der seine Schüler trainiert, dasselbe zu tun.

„Das ist wirklich erstaunlich“, sagt der Meister, „mein Weg ist schwieriger.“

„Wie ist er denn?“ fragt der Schüler.

„Ich bringe die Menschen dazu, die Gegenwart zu sehen.“

Erfahrungen der heiteren Gelassenheit auffrischen

Erfahrungen und Erinnerungen an Augenblicke heiterer Gelassenheit benötigen Pflege, aktives Aufrufen. Wir tragen sie oft wie in Schatzkästchen verschlossen in uns.

Nimm dir einige Minuten Zeit inne zu halten, um dein "Schatzkästchen" in die Hand zu nehmen und hinein zu schauen. Was findest du an Erlebnissen, wann und wo hast du die Qualität der Heiterkeit und Gelassenheit erlebt und erfahren.

Wie war die äußere Situation, war es ein Erleben in der Natur? Waren andere Menschen mit beteiligt?

Gib dir Raum, diese Begebenheit noch einmal zu erleben, so wie man alte Lieblingsfilme oder Musikstücke immer wieder anhört, dazugehörige Gefühle dabei neu erlebt, und rieche die Gerüche, die dabei auftauchen.

Nimm wahr, wie dein Körper reagiert. Welche Qualität entsteht dabei in dir ?

Für all die erlaubten Freuden,
die wir im Laufe des Lebens zu genießen versäumen,
werden wir zur Rechenschaft gezogen.

Aus dem Talmud

Natürlicher Rhythmus

Endlich zuhause angekommen. Obwohl ich eigentlich gerne Auto fahre, dieses Gleiten durch die Landschaft, die Selbstbestimmtheit in der Wahl des Tempos und das damit verbundene Freiheitsgefühl schätze – heute konnte ich nichts von alledem genießen. Endlose Lastwagenkolonnen gaben mir das Gefühl, nichts anderes als ein mitrollender Teil in einem riesigen, verrückt anmutenden Räderwerk zu sein.

Beim Ausladen und Abschließen merke ich erst allmählich, was mich nervt, richtiggehend bedrängt: Nicht weit von mir rangiert ein Kleinlastwagen, beladen mit Sträuchern. Ein paar Schritte weiter einige Männer in orangegrellen Jacken, die mit lautem Getöse altes Laub zusammenblasen. Ja, der Winter war sehr lang gewesen. Der Schnee ist jetzt weg, und jetzt kann saubergemacht werden. Heute scheint zum ersten Mal eine angenehm warme Frühlingssonne. Ich muss raus aus diesem Krach. Wenn ich den Fluss ein bisschen aufwärts gehe, müsste ich relativ bald aus diesem Getriebe draußen sein.

Zunächst geht es unter der Brücke durch. Über mir rollt und dröhnt dumpf der Verkehr. Noch eine ganze Weile verfolgt mich sein Lärmteppich, immer leiser werdend, aber alle meine Sinne zudeckend.

Jetzt höre ich plötzlich, wie das rasch fließende Wasser des Flusses zu mir spricht. Begierig bin ich ganz Ohr, empfinde sein Gurgeln und Murmeln wie eine Reinigung meiner verstopften Sinneskanäle. Irgendwo, aus weiter Ferne, fliegt mich ein Staunen an: das Fließen des Wassers ist so lebendig, ständig neu in seinen Formen und der Modulation seiner Töne, und doch stetig, verlässlich, nie endend.

Auf einmal sehe ich, wie der Frühling förmlich explodiert – vollkommen still und überaus machtvoll: Auf dem Boden zwischen den Bäumen ist es ganz weiß vor lauter Buschwindröschen, dort, wo vor einigen Tagen noch Schnee lag. Überall zartes, frisches Grün. Was ist das für eine mächtige Gelassenheit, mit der die Natur Jahr für Jahr ihren Rhythmus lebt, unbeeindruckt von Hetze, Lärm, Zerstörung. Und dort, zwischen den Sträuchern, als ob sie zur Gelassenheit noch einen Schuss Heiterkeit dazufügen möchten, ein Nest voller blauvioletter Veilchen.

Ich bleibe stehen, atme die Stille. Jetzt erst merke ich, wie diese Stille durchdrungen ist von hellen Vogelstimmen. Es ist, als ob diese klaren Töne mein Innerstes berühren. Während der Lärm vorher wie an mein Trommelfell anbrandete, erreichen diese Stimmen auch die letzte Windung meines Innenohrs, das, so scheint es mir, schon lange nicht mehr berührt wurde. Ich erinnere nicht gleich den Namen dieses Organs. Da fällt mein Blick darauf – als ob die Natur mir Anschauungsunterricht gäbe: auf einem Baumstumpf liegt das leere Haus einer Weinbergschnecke. Ist es nicht das vollkommene Symbol von Wachstum und Rhythmus? Hier, ganz einfach, vor mir liegend. In mir, ein wundersames Organ, das mein Hören, mein Lauschen ermöglicht.

Jetzt, in diesem Augenblick, bin ich.

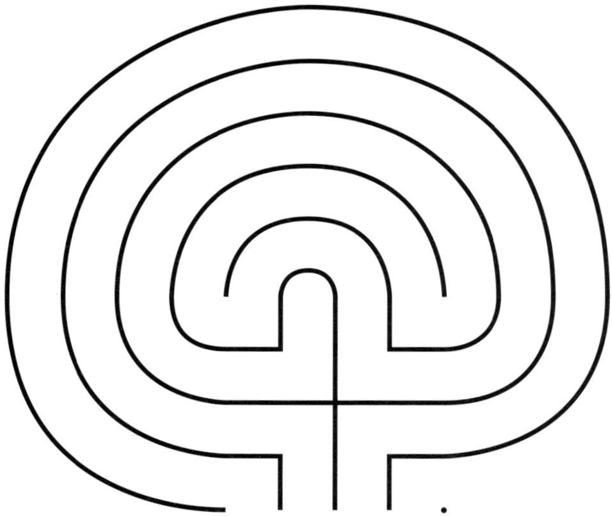

Sechs Bögen.

Samstag
Samedi
Saturday

Dankbar zu sein

für das was ist

und wissend,

dass ich wirke

mit all meinen Gedanken,

Gefühlen

und Taten,

ist tiefer Ernst des Saturn

und Freiheit zugleich:

Lebe in der Liebe zum Handeln.

Verantwortung

Die Fußwaschung

Ich danke dir, du stummer Stein,
und neige mich zu dir hernieder:
Ich schulde dir mein Pflanzensein.

Ich danke euch, ihr Grund und Flor,
und bücke mich zu euch hernieder:
Ihr halft zum Tiere mir empor.

Ich danke euch, Stein, Kraut und Tier,
und beuge mich zu euch hernieder:
Ihr halft mir alle drei zu Mir.

Wir danken dir, du Menschenkind,
und lassen fromm uns vor dir nieder:
weil dadurch, dass du bist, wir sind.

Es dankt aus aller Gottheit Ein-
und aller Gottheit Vielfalt wieder.
In Dank verschlingt sich alles Sein.

Christian Morgenstern

Ernst und Heiterkeit

„Das Leben enthält ernste Situationen, schweres Leid, menschliche Probleme, persönlich und kollektiv, die Heiterkeit allein nicht lösen kann. Sie müssen mit tiefem Ernst behandelt und bearbeitet werden, aber dieser Ernst sollte ausschließlich für sie reserviert bleiben. Wir neigen dazu, so viele Sachen ernst zu nehmen, die es nicht verdienen. Daher gilt die Regel: Ernsthaftigkeit für alles, was sie verdient und verlangt, für den Rest Heiterkeit.“

Roberto Assagioli in: “Heiterkeit – eine Psychosynthese-Technik”

Zeitung für Psychosynthese Nr. 10 Jhg. 2004

Nimm dich selbst so ernst wie möglich –
aber nimm dich um Gottes Willen
selber nicht so ernst.

Erwachen

Es war an einem sonnigen Wintertag um die Mittagszeit. Mein erster Gedanke war: Jetzt wird es nie mehr sein wie vorher! Der Gedanke hatte etwas erschreckend und zwingend Endgültiges. Ich lag am Boden im Schnee, das Gesicht nach oben gewandt und sah in die Gesichter umstehender Menschen. Ich war meiner Sprache nicht mehr mächtig und begann, mir die ersten Worte abzuringen.

Es war immer derselbe kleine Satz: Ich bin doch so vorsichtig gefahren! Eine mir fremde Frau stand mit ihrer etwa zwölfjährigen Tochter da, mein Mann und unsere Söhne. Ratlose Mienen, fast wie von unbeteiligten Zuschauern. Ich fand mich durch Welten getrennt von ihnen.

Kurz zuvor hatten wir beschlossen, eine Vesperpause zu machen, unsere Ski abzustellen. Ich hatte mir den nächsten Streckenabschnitt angeschaut und fuhr fröhlich los, ich kann heute noch die Lebensfreude in mir spüren, die ich beim Gleiten durch den Schnee empfand.

Der Wahrnehmung eines schwarzen Schattens im Augenwinkel folgte eine Gedächtnislücke, die ich wochenlang zu schließen versuchte, bis ich diese Lücke sein lassen konnte.

Ein Mädchen war in mich hineingefahren und hatte mich am Kopf getroffen. Ich war aus meiner vollen "Lebensfahrt" gerissen, hatte einiges an Alltagsaufgaben vor mir, nicht zuletzt Simons Konfirmationsfest.

Jetzt übte ich mich in Gelassenheit. Die Pläne lassen, die Pflichten, das Bild, wie eine Mutter ein Familienfest vorbereitet und gestaltet. Meine Vorstellungen gehen lassen, flach liegen und zuschauen. Während des Festes lag ich im Liegestuhl, meine Familie, Freunde und Verwandte bewegten sich um mich herum, redeten und lachten, die Kinder hüpften auf unserem Trampolin im Garten. Eine neue Einsicht stellte sich bei mir ein, wie eine Vorausschau.

So kann also der Blickwinkel eines alten Menschen sein, der dem bewegten Leben rundherum zuschaut, es betrachtend beachtet und Dankbarkeit über diesen Reichtum empfindet. Aus diesem Ruhiggestellt-Sein heraus stieg einige Augenblicke lang Gelassenheit und Heiterkeit in mir auf. Ein besonderes Geschenk für diesen Tag.

Die Kraft des Selbst zur Veränderung

Vielleicht ist hier der Ort, einen Teil des Ausspruchs von Friedrich Oettinger aufzunehmen, den wir an anderer Stelle zitieren: “den Mut, Dinge zu ändern, die ich ändern kann”.

Bestimmte oder auch bestimmende Erlebnisse können sich wiederholen und zu einem inneren Muster werden. Das kann sich so ausdrücken, dass zum Beispiel in bestimmten Situationen eine Schwere über mich kommt, oder eine unerklärliche Ohnmacht sich in mir ausbreitet oder eine Entwicklung nicht weitergeht.

Welche Erlebnisse werden dabei berührt?

Bin ich dem ausgeliefert oder finde ich Möglichkeiten, dass sich etwas verändert?

Es gibt eine schlichte und wirkungsvolle Möglichkeit, wie frühere Geschehnisse und Wahrnehmungen bildhaft und damit anschaulich vergegenwärtigt werden können. So in unsere Gegenwart hereingenommen, haben wir die Möglichkeit, diese inneren Bilder zu verwandeln, mitsamt den damit verbundenen Gefühlen und Denkmustern.

Es überrascht jedes Mal neu, welche Kraft zur Veränderung in uns selbst verborgen ist, wenn wir ihr Aufmerksamkeit zukommen lassen und ihr vertrauen. Wenn wir uns darauf einlassen, fordert es unseren Mut, innere und uns vertraute Bilder loszulassen und nicht zu wissen, was danach kommt.

Aber einmal darauf eingelassen, überzeugt uns die innere Weisheit, die wir dabei entdecken und die in uns überraschend Neues schafft.

Lass dich auf einem Platz nieder, an dem du ungestört bist und lege dir etwas zum Schreiben bereit.

Denke an eine ungelöste Situation in deinem Leben und wähle eine Szene daraus.

Lass diese innerlich noch einmal bildhaft und mit allen Einzelheiten auftauchen und wiederhole so das Geschehen.

Schreibe auf: *Was hast du wahrgenommen?*
Welche Gefühle hattest du?
Welche Bedeutung hat das Ganze für dich?

Lass deinen "Film" in deinem Inneren noch einmal ablaufen. Wenn sich irgendwelche Bilder ändern, lass dich darauf ein und nimm sie neu in dich auf.

Schreibe auf: *Welche Änderungen hast du wahrgenommen?*
Welche Gefühle hattest du?
Welche Bedeutung hat das Ganze für dich?

Gehe mindestens drei- bis viermal zum inneren Film zurück.
Nimm Veränderungen wahr und in dich auf.

Öffne dich für die Verwandlung deiner inneren Bilder.

Ein frommer Jude kommt nach seinem Tod in den Himmel.
Da er auf Erden so rechtschaffen gewesen ist, gewährt ihm Gott einen Wunsch.
„Ich wünsche mir, meinen alten Rabbi wiederzusehen, der vor zehn Jahren gestorben ist," bittet er. „Das sei dir gerne gewährt."
Im selben Augenblick sieht der fromme Jude seinen Rabbi, wie er an einem großen Schreibtisch sitzt, die Brille auf der Nase, und an einem Kommentar zu einem heiligen Text schreibt. Hinter ihm steht eine bildhübsche, blonde junge Frau, die sich zärtlich an ihn schmiegt, ihm etwas ins Ohr flüstert und mit seinen Haaren spielt.
„Rabbi!" ruft der fromme Jude erstaunt, „Ist sie deine Belohnung?"
„Nein", antwortet der Rabbi ohne aufzublicken, „ich bin ihre Strafe."

Meine lieben Schwächen

Was mich am meisten ärgert, sind Ignoranz, Intoleranz, kleinmütiges Sicherheitsdenken und Wegsehen. Um ehrlich zu sein: Diese Tugenden ärgern mich noch mehr, wenn ich sie bei mir selbst entdecke. Aber das will ich erst gar nicht wissen. Und weil ich es nicht wissen will, muss ich es verdrängen. Die dafür benötigte Energie macht sich in einem verkniffenen Gesicht und einer unwirschen Gemütslage bemerkbar. "Heitere Gelassenheit" wirkt dann eher wie ein Fremdwort. Was tun? Es bleibt nichts anderes übrig, als meine Schwächen zu einem "Kaffeekränzchen" einzuladen. Auch wenn nicht alle kommen, so kann man es mit einigen wenigen schon ganz nett haben:

Nimm ein Blatt Papier.
Denk über eine kleine oder größere Schwäche nach, die dich immer wieder ärgert oder für die du dich manchmal genierst. Fallen dir Szenen dazu ein?
Schreibe dir ein paar Stichworte auf. Wie nennst du diese Schwächen?

Lass dir noch eine andere Schwäche einfallen und wiederhole das Ganze. Aller guten Dinge sind drei.

Und jetzt gib allen deinen drei Schwächen einen liebevollen Spitznamen und schreib ihn groß dazu.

Spiel und Arbeit

Nachdem er den halben Vormittag mit Holzklötzen und anderen Materialien an einer Stadt gebaut hat, kommt mein fünfjähriger Sohn in die Küche und sagt: „Jetzt habe ich stundenlang gearbeitet, jetzt will ich auch noch ein bisschen spielen."

Ist das nicht ein gelungener Scherz? Zumindest für uns Erwachsene, die wir uns amüsieren über die kindliche Verwechslung von Spiel und Arbeit. Mein Sohn freilich meinte es durchaus ernst. Und erst im nachhinein frage ich mich, ob wir Großen vielleicht einer Verwechslung unterliegen, was Lust und Ernst, Arbeit und Spiel betrifft. Hat es nicht schon Hölderlin vor zweihundert Jahren mit großer Deutlichkeit gesagt?

Es muß sich alles verjüngen,
es muß von Grund aus anders sein;
voll Ernst's die Lust und heiter alle Arbeit!
Nichts, auch das Kleinste, das Alltäglichste nicht
ohne den Geist und die Götter!

Es sind die kleinen Dinge,
die uns brauchen,
denn wir hauchen
alle Lebensringe
in sie ein.
Darum ergreift euch meine Hände
voller Liebe,
so als bliebe
ohne mich am Ende
jedes Ding allein.

Karlfried Graf Dürckheim

Mein Baum

Betritt mit mir den Ort, an dem geheimnisvolle alte Bäume wohnen. Du begegnest anderen, die auf schmalen Pfaden wandern und immer wieder vor einem dieser Bäume stehen bleiben. Sie sprechen miteinander, aber dir fällt auf, dass sie es in gedämpftem Ton tun, so als befänden sie sich in einer Kathedrale.

Bald spüren auch wir diese ehrfürchtige Stille um uns. Wir befinden uns in einem lichten Wald mit riesigen Mammutbäumen. Sie stehen einzeln oder in angemessenem Abstand voneinander. Sie sind bis zu zweitausend Jahre alt. Die meisten haben ihre Äste und Nadeln eingebüßt, so dass sie ganz oben nur noch ihre Krone tragen. Die Stämme sind mächtig im Umfang, immer wieder steht eine Gruppe Menschen um einen Baum und versucht, mit ausgestreckten Armen dessen Stammumfang zu ermessen.

Wir berühren ihre Rinde, sie ist rehbraun und ganz weich, wie das Fell eines Tieres. Ihre Wurzeln sehen aus wie riesige Tatzen einer Raubkatze. Während wir von Baum zu Baum gehen, bemerken wir, dass einige Bäume tiefe Brandwunden haben, ja ganze Stämme schwarz und verkohlt in den Himmel ragen und doch noch ganz oben ihre lebendige Krone tragen. In einen Baumstamm können wir hineinschlüpfen und durch ein großes Loch im Ast in den Himmel blicken.

Immer wieder nimmt uns die große Stille dieser Waldkathedrale gefangen. Wir lassen uns nieder auf einem der umgefallenen Stämme, der ähnlich einer alten antiken Säule in Stücken auf dem Waldboden liegt. Seine Wurzeln sind flach und ausladend; und wenn wir uns vor diesen Wurzelteller stellen, überragt er uns meterhoch. Wir lesen, dass diese Bäume jahrhundertelang stehen, Stürmen und Bränden trotzen und dann einfach umfallen, wenn es ihre Zeit ist. Wie wissen sie, dass ihre Zeit gekommen ist? Diese Selbstbestimmtheit berührt uns. Sind die Bäume hier weiser als wir Menschen oder werden wir das Ende unserer Erdenzeit auch lesen können? Ehrfürchtig nähern wir uns einem dieser Bäume. Ihn berühren und uns von ihm berühren lassen?

Dein Baum

Suche dir einen Baum, dem du dich annähern und von dessen Altersweisheit und Gelassenheit du lernen willst. Du kannst in die Natur hinausgehen und ihn dort finden oder dich an einem ruhigen Ort niederlassen und deinen Baum in dir aufsuchen.

Berühre seinen Stamm. Streiche mit deinen Händen über seine Rinde. Befühle seine Wurzeln bis zu der Stelle, wo sie sich in das Erdreich graben.
Lehne dich mit dem Rücken an seinen Stamm und lass deinen Körper dessen Kraft aufnehmen.
Schaue hinauf zur Krone des Baumes, die in den Himmel ragt. Wende dich nun um und umfasse den Baumstamm mit deinen Armen, so als wolltest du seinen Umfang messen.
Stelle dir vor, dass du in deinen Baum hineinschlüpfen kannst.

Du bist jetzt dieser Baum.
Du bist alt, vielleicht sehr alt und gleichzeitig voll majestätischen Lebens. Es ist dir, als könntest du die einzelnen Jahresringe wahrnehmen. Deine Krone reicht hinauf zum Blau des Himmels. Deine Wurzeln reichen so weit in die Erde hinein, dass dir Wind und Sturm nichts anhaben können. Deine Äste sind stark und zugleich beweglich. Der Wind streicht durch dein Laub und das Licht schimmert durch dein Grün.

Du siehst Menschen an dir vorbeigehen oder sich im Schutz und Schatten deiner belaubten Zweige ausruhen. Wie klein erscheinen dir diese Menschen, und wie kurz ihre Lebenszeit gemessen an den Jahrzehnten oder gar Jahrhunderten, die du hier an deinem Platz stehst. Du siehst die Jahreszeiten kommen und gehen.

Den Frühling, dessen kräftige Sonne dich auffordert, deine Knospen, Blätter und neuen Äste hervorzutreiben. Den Sommer, dem du deinen kräftigen Wuchs entgegenhältst, der den Duft deiner erwärmten Rinde herauslockt. Den Herbst, der deine Blätter zuerst bunt bemalt, um sie dann mit seinen stürmischen Winden hinweg zu wehen. Den Winter, der dich auffordert, den Rest deines Laubes loszulassen und deine Kräfte nach innen zu versammeln. Der dich mit einem weichen, weißen Schneekleid bedeckt, aber auch mit frostigem Eis überzieht. Und immer wieder neu erlebst du den Aufbruch des Frühlings, das Freiwerden der gesammelten Kräfte.

Irgendwann löst du dich behutsam aus deinem Baum-Sein heraus, wendest dich deinem Baum noch einmal zu, wissend, dass du jederzeit zu ihm kommen kannst.

Finde ein Zeichen deines Dankes dafür, dass er seine Erfahrung mit dir geteilt hat.

Unterm Gipfelkreuz

Ich sitze mit Freunden am Gipfelkreuz in der Sonne. Ausgesetzt und doch geborgen. Unerschütterlich die schneebedeckten Berge ringsumher. Stille. Warum fällt mir gerade jetzt Dietrich Bonhoeffer ein? Ein Name, der mich schon in meiner Jugend sehr berührt hat.

Wieder unten in unserer Hütte versuche ich aufzuschreiben, was mich bewegt hatte.

Sein ziviler Ungehorsam, seine Predigten gegen den Führer-Kult. Es war kritisch für ihn geworden. Trotzdem schlug er während einer Amerika-Reise eine Professur aus, die ihm dort angeboten worden war. Er kam zurück, dorthin, wo er glaubte, dass sein Platz war. Nach langem Ringen schloss er sich der Widerstandsgruppe um Graf Stauffenberg an. Es ging nicht nur um die Überwindung der Angst, sondern auch um die Frage, ob ein Attentat mit seinem religiösen Wertesystem vereinbar war. Wer ist so weise, dies zu klären? Dietrich Bonhoeffer musste es vor seiner eigenen Ethik vertreten und entscheiden.

Seine Hinrichtung im KZ Flossenbürg fand am 9. April 1945 statt, kurz vor dem Ende einer Epoche, die so namenlos grauenvoll war, dass sie unfassbar bleibt. Vielleicht kann man es gar nicht anders sagen als die Philosophin Hanna Ahrendt: „Es hätte nie geschehen dürfen."

Ebenso unfassbar ist für mich, dass er wenige Tage vor seinem Tod ein Gedicht schreibt, das mit folgenden Zeilen beginnt: Von guten Mächten treu und still umgeben, behütet und getröstet wunderbar ...

Was muss einer für eine innere Kraft gehabt haben, in einer Situation, die ungeborgener gar nicht sein kann, so etwas zu schreiben. Ich kann es mir nicht vorstellen, wie ich diese Gelassenheit aufbringen könnte. Und überhaupt frage ich mich, warum ich diese Gedanken aufschreibe? Gehören sie wirklich in eine Textsammlung zum Thema "Heitere Gelassenheit"? Ich nehme mir vor, diese Frage, die ich bisher still in mir bewegt habe, heute Abend im Kreis der Freunde anzusprechen.

Draußen vor der Hütte stimmt einer von ihnen seine Gitarre und beginnt zu singen:

Von guten Mächten treu und still umgeben,
erwarten wir getrost, was kommen mag.
Gott ist bei uns am Abend und am Morgen
und ganz gewiss an jedem neuen Tag.

Manchmal werden Fragen beantwortet, bevor sie ausgesprochen sind.

Wir sollten weder alles dem Schicksal überlassen,
noch auf unsere Anstrengungen eingebildet sein.
Das Schicksal wird seinen Lauf nehmen.
Wir sollten nur darauf achten, wo wir eingreifen können
oder wo das sogar unsere Pflicht ist,
unabhängig davon, was das Ergebnis sein wird.

Mahatma Gandhi

Baba Jaga –

oder vom Mut, die angemessene Frage zu stellen.

In einem russischen Märchen wird uns von der Begegnung des jungen Iwan mit einer alten weisen Frau, der Baba Jaga, erzählt. Iwan ist in existenzielle Not gestürzt: Er hat seine Liebste, Wassilissa die Allweise, durch eine unbedachte und überstürzte Handlung verloren.

Auf der Suche nach ihr begegnet er immer wieder hilfreichen Gestalten. Eine davon, ein alter weiser Mann, weist ihm den Weg zur Baba Jaga. Sie ist die Einzige, die ihm weiterhelfen kann.

Er findet die Baba Jaga. Sie wohnt in einem kleinen Häuschen, das auf Hühnerbeinchen steht und sich drehen kann. Iwan weiß von dem Alten, dass es gewagt ist, sie aufzusuchen. Wenn er ihr “richtig kommt”, dann wird sie ihm helfen. Findet er jedoch nicht die angemessene Art im Umgang mit ihr, wird sie ihn “auffressen”.

Iwan hat auf seinem langen Weg der Suche nach seiner Wassilisa seine ungestüme Unbedachtheit verloren und Baba Jaga dreht ihm ihr Häuschen so zu, dass er die Tür offen findet. Sie hört geduldig den Schilderungen seiner notvollen Geschichte zu.

„Ich weiß, ich weiß, ich weiß ...“ murmelt sie dabei. Weiß sie tatsächlich schon alles, was Iwan ihr erzählt? Könnte er sich seine Geschichte ersparen oder will die Alte aus seiner Art zu berichten herausfinden, ob sie ihm weiterhelfen will?

Er findet die rechten Worte, sie um ihre Hilfe zu bitten. Iwan hat inzwischen auch gelernt, gut zuzuhören. Er nimmt wachsam Baba Jagas Hinweise für seinen weiteren Weg, Wassilissa die Weise zu finden, auf und setzt ermutigt seinen Weg fort. Es gibt noch einige Aufgaben zu lösen, aber sein inneres Bild trägt ihn.

Sicherlich bist auch du schon solch alten weisen Frauen begegnet, die dir Hilfe angedeihen ließen. Vielleicht hast du sie aufgesucht, als du drängende oder notvolle Fragen hattest. Vielleicht sind sie dir auch unverhofft begegnet.

Die weise Alte kannst du auch in deinem Inneren finden und aufsuchen, wenn in deinem Lebensalltag Situationen sind, die der Klärung bedürfen, wenn du Hinweise benötigst oder Rat suchst.

Deine Baba Jaga in dir aufzusuchen erfordert Mut.

> *Sie lässt sich nicht täuschen.*
> *Sie wird dir "auf den Zahn" fühlen.*
> *Sie hört sich dein Anliegen an.*
> *Sie fordert ehrliche Fragen von dir.*
> *Sie durchschaut deine Absichten.*

Wenn sie „ich weiß, ich weiß ...“ murmelt, weißt du dich gehört und über deine wortreichen Erklärungen hinaus verstanden.

Du findest in dir die Sicht für Zusammenhänge, die du vorher noch nicht sehen konntest.

Sie lehrt dich durch ihr Zuhören, auf dich zu hören. Wenn du im Zuhören still wirst, wird sie dir Wegweisungen geben.

Vielleicht in Form einzelner Worte, Sätze oder innerer Bilder.
Du wirst deiner Alten Weisen in dir trauen lernen.
Du wirst schätzen lernen, sie aufzusuchen und ihrer Führung zu vertrauen.
Du wirst im Weitergehen dir Selbst vertrauen.

Sieben Bögen.

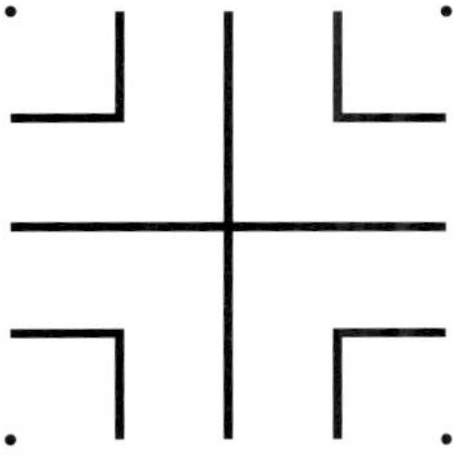

Sonntag
Dimanche
Sunday

Sonne

Licht und Wärme

Weisheit und Liebe

Bewusstsein und Herzenskraft

sie sprechen vor allem von einem:

von deiner

und meiner

Würde

als

Mensch.

geheimnis

Herr, gib mir die Gelassenheit,
Dinge hinzunehmen, die ich nicht ändern kann,

den Mut, Dinge zu ändern,
die ich ändern kann

und die Weisheit,
das eine vom anderen zu unterscheiden.

Friedrich Oettinger

Die Rose im Teich

Stell dir vor, dass du an einem Teich sitzt, in dem Seerosen blühen. Die grünen tellerförmigen Blätter liegen auf dem Wasser.

Die Rosenblüten haben sich zur Sonne hin geöffnet. Sie scheinen zu schweben, beim leisesten Windhauch über das Wasser zu gleiten und doch scheinen sie wie von unsichtbarer Hand gehalten. Du weißt, dass sie Stengel haben, die sie gleich einer Nabelschnur mit den Wurzelballen verbinden, der tief unten im Wasser ruht, dort seine Nahrung findet und gleichzeitig der Blüte Halt gibt.

Wenn du eine längere Zeit auf diese Seerose schaust, nimmst du wahr, wie fein sie auf Licht reagiert. Wie sie am Morgen ihre Blüte öffnet und am Abend wieder schließt. Wie nur das Licht der Sonne sie für das vollständige Öffnen ihrer Blüte gewinnen kann, die Dunkelheit oder Regen sie veranlassen, sich schließend zu schützen.

Nimm diese Betrachtung der blühenden Seerose als Bild für dich selbst. Schau nach, wo du deinen Wurzelstock in dir finden kannst, wie du deine innere Verbindung zu deiner Blüte wahrst. Wie beweglich ist deine Blüte, wie geschützt ihr Öffnen und Schließen?

Eine junge Frau hat mich nachdrücklich mit der Bedeutsamkeit der Seerose bekannt gemacht. Ich begleitete sie einige Zeit während ihrer Krankheit unter anderem mit angeleiteten Visualisierungen. Sie hatte als Symbol für sich das Bild der Seerose im Teich gefunden. Nicht als Wiesenblume, Rose am Strauch oder eine andere Blumenpflanze, auf fester Erde verankert sondern als Blüte auf dem Wasser "treibend". Für sie selbst und andere nicht sichtbar: der feste nährende Boden unter den Füßen, tief unten im Wasser. Die Blüte fand ihre Verankerung in ihrer Seele.

Die Bedeutung dieses Bildes blieb ein unausgesprochenes geheimnisvolles Wissen zwischen uns. Ein Bild, das die Schönheit ihrer Seele trotz der Gefährdung des Körpers durch die Erkrankung zum Aufscheinen brachte. Diese gemeinsam angeschaute Seerose bleibt als geschenkte Botschaft in mir lebendig.

Unsere tiefste Angst ist nicht, dass wir unzulänglich sind.
Unsere tiefste Angst ist, dass wir unermesslich machtvoll sind. Es ist unser Licht, das wir fürchten, nicht unsere Dunkelheit. Wir fragen uns: Wer bin ich eigentlich, dass ich leuchtend, begnadet, phantastisch sein darf? Wer bist Du denn, es nicht zu sein?
Du bist ein Kind Gottes.
Wenn Du Dich klein machst, dient das der Welt nicht. Es hat nichts mit Erleuchtung zu tun, wenn Du schrumpfst, damit andere um Dich herum sich nicht verunsichert fühlen.
Wir wurden geboren, um die Herrlichkeit Gottes zu verwirklichen, die in uns ist. Sie ist nicht nur in einigen von uns.
Sie ist in jedem Menschen.
Und wenn wir unser eigenes Licht erstrahlen lassen, geben wir unbewusst anderen Menschen die Erlaubnis, dasselbe zu tun. Wenn wir uns von unserer eigenen Angst befreit haben, wird unsere Gegenwart ohne unser Zutun andere befreien.

Marianne Williamson,

zitiert von Nelson Mandela in seiner Antrittsrede 1994

Der Rabbi ist allein im Gebetshaus. Er liegt auf den Knien, schlägt sich auf die Brust und sagt: „Ich bin ein Nichts, ich bin ein Nichts, ich bin ein Nichts.“ Der Kantor kommt hinzu, kniet neben dem Rabbi nieder und stimmt mit ein: „Ich bin ein Nichts, ich bin ein Nichts, ich bin ein Nichts.“ Da kommt der Pförtner, um den Boden zu fegen. Und während er beim Fegen den Besen im Takt bewegt, murmelt er mit den anderen: „Ich bin ein Nichts, ich bin ein Nichts, ich bin ein Nichts.“ Der Rabbi schaut hoch, sieht den Pförtner und sagt zum Kantor: „Da schau, wer sich einbildet, ein Nichts zu sein.“

Christus in mir

Wir haben einen großen, meist unbewussten Reichtum in uns. Manche nennen ihn "Christus in mir", andere "mein Höheres Selbst", wieder andere "mein innerer Begleiter". Manche sprechen von "meinem Engel" und manche fühlen sich in ihrer Seele verbunden mit einem großen Vorbild wie zum Beispiel Sokrates, Mahatma Gandhi oder Hildegard von Bingen. Die Identifikation mit einer solchen inneren Instanz, die mit Eigenschaften wie Weisheit, Klarheit, Liebe und Güte charakterisiert werden kann, ruft diese Kräfte in mir auf. Dies kann in der Verarbeitung einer Situation, die schwierig oder unbefriedigend verlaufen ist, ausgesprochen hilfreich sein.

Schwierige Situationen kennen wir alle aus unserem beruflichen oder unserem häuslichen Alltag. Situationen, in denen ich mich überfordert, unwirsch, angegriffen oder unangemessen reagierend erlebe. Wenn ich merke, dass solche Situationen mich immer wieder beschäftigen, ich sie nicht ablegen kann, dann lohnt es sich, sich eine Szene noch einmal genauer anzusehen:

Wähle eine solche Situation für dich aus.
Lasse die dazu gehörende Szene vor deinem inneren Auge auftauchen.
Schau sie dir an, so als würdest du sie in einem Film sehen.
Schau dir vor allem an, wie du dich darin bewegst.
Nimm alles wahr, kritisch, aber möglichst nicht wertend.
Dann lass den Film enden. Atme einige Male durch.

Jetzt wähle die Gestalt, mit der du dich am liebsten identifizieren möchtest.
Diese bitte nun, deine Rolle zu übernehmen.
Du wirst jetzt zum außenstehenden Beobachter und lässt die Szene noch einmal mit der gewählten Person oder Gestalt in deiner Rolle ablaufen.

Beobachte, wie sie sich in dieser Situation verhält.

Nach einiger Zeit identifiziere dich mit ihr, handle wie sie, nimm ihre Haltung ein.
Wie nimmst du deinen Körper wahr? Welche Gefühle fühlst du?
Was erlebst du jetzt in dieser Situation?
Schreibe dir das Wesentliche deiner Erfahrung auf, um sie in dir zu verankern.

Hast du eine neue Bedeutung für diese Situation gefunden?

Lassen oder fassen

Meinst du
du könntest das Geheimnis
der heiteren Gelassenheit fassen
ohne die Gelassenheit
die Heiterkeit zu lassen
vielleicht
ist das Geheimnis
der heiteren Gelassenheit
einlassen
loslassen
neu fassen

In den Kreis der heiteren Gelassenheit treten

Wenn du Lust hast, deine Kreise weiter zu ziehen, dann lade ich dich zu einem Experiment ein:

Schaffe dir drei kreisförmige Plätze in deinem Wohnraum. Benenne die Plätze und finde je ein Symbol für Heiterkeit, Gelassenheit, Geheimnis und stelle oder lege diese in den jeweiligen Kreis.

Nimm dir einen angemessenen Zeitraum und stelle dich nacheinander auf, beziehungsweise in diese Plätze hinein. Nimm wahr, was dein Körper dir mitteilt, welche Gefühle in dir auftauchen, welche Gedanken dir kommen.

Schreibe für dich dein Erleben auf: Was überrascht dich? Was bestärkt dich? Was kannst du Neues für dich aufnehmen?

Hast du wenig "Spielraum" für ein solches Experiment, dann nimm drei verschiedenfarbige Karten, vielleicht auch verschiedene Formen, und schreibe je auf eine die Worte: Heiterkeit, Gelassenheit, Geheimnis.

Lege sie an verschiedene Plätze in deinem Lebensbereich, dorthin, wo du sie immer wieder lesen wirst.

Ab und zu nimm dir Zeit aufzuschreiben, was dies in dir bewirkt, wo diese Qualitäten sich in deinem Leben spiegeln.

Zwischen
der Anstrengung
es müsste gelingen

und der Angst
es könnte misslingen
Gelassenheit

Hans Bürki

Versöhnung

So manches, was der Karle dem Anton gesagt hat, kann der nicht so recht schlucken. Missmutig trotten sie nebeneinander her. Da hüpft ein nächtlicher Frosch über den Weg und der Anton weiß auch nicht so recht, wie's geschehen ist, aber da hat er es schon gesagt.

„Wenn da dia Krott frischt, dann kriagscht vo mir fufzig Euro." (Wenn du diesen Frosch verschluckst, dann kriegst du von mir fünfzig Euro). Der Karle überlegt nicht lang, bückt sich, packt den Frosch, steckt ihn in den Mund und schluckt ihn runter. Der Anton holt wortlos die fünfzig Euro heraus und gibt sie dem Karle. Der steckt sie ebenfalls wortlos ein. Schweigend gehen sie weiter. Nach einer Weile hüpft wieder ein Frosch über den Weg. „Wenn du den da runterschluckst, dann kriegst du von mir deine fünfzig Euro zurück," sagt da der Karle seinerseits zum Anton. Der Anton überlegt auch nicht lang, greift zu – und auch dieser Frosch nimmt einen Weg, von dem er sich diese Nacht bestimmt nicht hätte träumen lassen. Der fünfzig Euro-Schein wandert wieder in den Geldbeutel vom Done. Wortlos gehen sie weiter. Plötzlich sagt der Anton: „Wieso haben wir zwei Deppen jetzt die Kröten g'schluckt?"

Fünf Schritte sich selbst zu vergeben

Besonders subtil und hartnäckig sind die Vorwürfe, die ich mir selber mache, Geschehnisse und Handlungen, die ich mir nicht verzeihen kann. Sich davon zu befreien, sich selbst vergeben, ist gar nicht so schwer, wie es zunächst aussieht. Wenn du willst, mache einen Versuch. Er besteht aus fünf Schritten, die man mit einer sich auswickelnden Spirale vergleichen kann.Setze dich auf einen frei stehenden Stuhl, in einem Raum, in dem du ungestört sein kannst, entspanne und versammle dich in dir.

Erster Schritt

Was gibt es in meinem Leben, das ich mir nicht vergeben kann? Vielleicht formuliere ich dies sogar immer wieder so: Das kann ich mir nicht vergeben. Etwas oder mehrere Dinge, die ich – auf Grund meiner Gewissensbildung – falsch gemacht habe.

Fallen mir mehrere Geschehnisse ein, so suche ich eines aus und schreibe dies auf. Lies das Geschriebene noch einmal und frage dich: Will ich mir das vergeben?

Zweiter Schritt

Wenn ja, schließe deine Augen und vergegenwärtige dir noch einmal, wessen du dich anklagst. Halte einen inneren Dialog mit dir: Wie ist dein Körperempfinden? Wo in deinem Körper spürst du die Belastung? Welche Gefühle steigen in dir hoch und kommen in dein Bewusstsein? Welche Gedanken beschäftigen dich? Wie hättest du es anders machen sollen? Sprich innerlich deine Erwartungen an dich aus.

Dritter Schritt

Jetzt stelle dir vor, dass du über dir Licht und Wärme wahrnimmst und wie Klarheit in dir Raum gewinnt. Öffne dich für dieses Licht und lasse es dein Inneres erfüllen. Verbinde dich mit dieser Energie, deinem "Höheren Selbst". Stehe auf und stelle dich hinter deinen Stuhl und schau "von höherer Warte aus‘" auf dich, wie du da sitzt. Du überblickst die gesamte Situation in ihren Zusammenhängen. Du siehst mit Liebe, Verständnis und Annahme auf dich. Sprich in dieser Haltung zu dir über deine Situation. Lass dir so viel Zeit und Raum, wie du brauchst.

Vierter Schritt

Nimm nach geraumer Zeit wieder Platz auf dem Stuhl und spüre die Veränderung deiner Lage und nimm die erweiterte Sichtweise in dich auf. Was hat sich für dich verändert im Körper, in deinen Gefühlen und in deinem Denken? Wenn es noch notwendig ist, dann streiche mit einer Handbewegung die Erwartungen aus, die du an dich gestellt hast. Nimm dich wahr in deinem Menschsein.

Fünfter Schritt

Öffne nun deine Augen und schreibe nieder, was dir wesentlich geworden ist und welche Bedeutung diese Selbstvergebung für dein alltägliches Leben haben wird.

Desiderata

Gehe ruhig und gelassen durch Lärm und Hast und sei des Friedens eingedenk, den die Stille bergen kann. Stehe, soweit ohne Selbstaufgabe möglich, in freundlicher Beziehung zu allen Menschen. Äußere deine Wahrheit ruhig und klar und höre anderen ruhig zu, auch den Geistlosen und Unwissenden; auch sie haben ihre Geschichte. Meide laute und aggressive Menschen, sie sind eine Qual für den Geist. Wenn du dich mit anderen vergleichst, könntest du bitter werden und dir nichtig vorkommen; denn immer wird es jemanden geben, größer oder geringer als du. Freue dich deiner eigenen Leistungen wie auch deiner Pläne. Bleibe weiter an deinem eigenen Weg interessiert, wie bescheiden auch immer. Er ist echter Besitz im wechselnden Glück der Zeiten. In deinen geschäftlichen Angelegenheiten lasse Vorsicht walten; denn die Welt ist voller Betrug. Aber nichts soll dich blind machen gegen gleichermaßen vorhandene Rechtschaffenheit. Viele Menschen ringen um hohe Ideale: und überall ist das Leben voll Heldentum. Sei du selbst, vor allen Dingen heuchle keine Zuneigung, noch sei zynisch, was die Liebe betrifft; denn auch im Angesicht aller Dürre und Enttäuschung ist sie doch immerwährend wie das Gras.

Ertrage freundlich gelassen den Ratschluß der Jahre, gib die Dinge der Jugend mit Grazie auf. Stärke die Kraft des Geistes, damit sie dich in plötzlich hereinbrechendem Unglück schütze. Aber erschöpfe dich nicht mit Phantasien. Viele Ängste kommen aus Ermüdung und Einsamkeit. Neben einer heilsamen Selbstdisziplin sei freundlich mit dir selbst. Du bist ein Kind Gottes genauso wie die Bäume und Sterne; du hast ein Recht hier zu sein. Und, ob es dir bewusst ist oder nicht, es besteht kein Zweifel, das Universum entfaltet sich wie vorgesehen. Darum lebe in Frieden mit Gott, was für eine Vorstellung du auch immer von ihm hast. Was auch immer deine Arbeit und dein Sehnen ist, erhalte dir den Frieden mit deiner Seele in der lärmenden Wirrnis des Lebens. Mit all der Schande, der Plackerei und den zerbrochenen Träumen ist es dennoch eine schöne Welt. Strebe behutsam danach, glücklich zu sein.

Aus der alten St.-Pauls-Kirche, Baltimore, 1692

Ich lebe mein Leben in wachsenden Ringen,
die sich über die Dinge zieh'n.
Ich werde den letzten vielleicht nicht vollbringen,
aber versuchen will ich ihn.

Ich kreise um Gott, um den uralten Turm,
und ich kreise jahrtausendelang;
und ich weiß noch nicht:
bin ich ein Falke, ein Sturm
oder ein großer Gesang.

Rainer Maria Rilke

Ticket nach Kathmandu

Der Herr im Reisebüro stutzt, als die alte Dame ein Flugticket nach Kathmandu buchen will. Ob sie nicht lieber woanders ihren Urlaub verbringen wolle? „Ich will nach Kathmandu“, sagt die Dame unbeirrt und fährt, mehr zu sich selbst redend fort: „Ich muss den Meister sehen.“

In Kathmandu erkundigt sie sich nach der Busverbindung in einen hochgelegenen Ort im Norden. Auch dort wird ihr vor der strapaziösen und nicht ungefährlichen Reise abgeraten. „Ich muss den Meister sehen.“

Es ist extrem kalt, als sie dort oben ankommt, und bis zum Kloster ist es noch ein guter Tag Fußmarsch. Der Führer, an den sie gewiesen worden ist, glaubt, er habe sich verhört, als sie ihn bittet, sie dorthin zu begleiten. Ihr Satz „Ich muss den Meister sehen“ aber hört sich so überzeugt an, dass er das Unmögliche versuchen will.

Am Abend des nächsten Tages klopft sie an die Klostertüre. Ein kleines Fensterchen in der Türe öffnet sich und ein erstauntes Gesicht nimmt zur Kenntnis, dass sie den Meister sehen will. Der Meister befände sich in einer vierwöchigen Versenkung und könne nicht gesprochen werden.
„Dann warte ich hier.“

Die Mönche finden einen Kompromiss: Sie darf sich dem Meister nähern und ihm einen, aber bitte nur einen einzigen Satz sagen.

Ihre Sinne müssen sich erst an das Dämmerlicht und den Geruch der vielen Räucherstäbchen gewöhnen. Dann sieht sie hinten an der Wand regungslos und mit geschlossenen Augen den Meister sitzen. Mit leisen Schritten nähert sie sich ihm, beugt sich hinunter und flüstert ihm ins Ohr.
„Komm nach Hause, Karl Heinz!“

Der letzte Schritt: der achte Bogen.

Labyrinth

Das Labyrinth – du hast hier ein sogenanntes siebenschlägiges gezeichnet – findest du in vielen Jahrtausende alten Mythologien und Kulturen. Es steckt voller Weisheit und Geheimnisse. Wir wollen dich anregen, es ein wenig für dich zu nutzen:

Das Zeichnen eines Labyrinths hat eine ausgesprochen beruhigende und zentrierende Wirkung.

Die fertige Zeichnung kannst du, wenn du willst, für eine weitere Erfahrung verwenden:

Geh mit dem Zeigefinger, zuerst mit dem der rechten, später dem der linken Hand, in das Labyrinth hinein und wieder aus ihm heraus.

Dann versuche es nur mit den Augen – aber langsam, gemessenen Schrittes!
Wenn du zu schnell wirst, also anfängst, mit den Augen zu huschen, verlangsame bewusst!

Wiederhole dies immer wieder einmal in deinem Alltag – und lass dich überraschen, welche Wirkung diese einfache Übung bei dir hat, und zu welchen Erkenntnissen sie dich führt.

Schlagwortregister*

* *Übungsanleitungen sind kursiv hervorgehoben*

Veröffentlichungen

Roberto Assagioli

Handbuch der Psychosynthese

4. überarbeitete, aktualisierte deutsche Auflage

2004, ISBN 978-3-9522591-0-8

Ulla Pfluger-Heist

In der Seele liegt die Kraft

2. Auflage 2007

ISBN 978-3-9522591-4-6

Paola Giovetti

Roberto Assagioli

Leben und Werk des Begründers der Psychosynthese

2007, ISBN 978-3-9522591-2-2

Psychosynthese

Zeitschrift für Psychosynthese und verwandte Gebiete

im deutschsprachigen Raum

erscheint zweimal im Jahr, jeweils im März und September

nawo

Nawo Verlag GmbH

Postfach, CH-8153 Rümlang/ZH

Tel. 0041 (0) 44 817 22 47

Fax 0041 (0) 44 817 22 59

www.nawo-verlag.com

E-Mail: psychosynthese@nawo-verlag.com

Auslieferung für Deutschland/Österreich

Nawo Verlag GmbH, Hauptstrasse 21 A

D-88696 Owingen/Bodensee

Zwei Sufis treffen sich auf der Straße. Der eine zieht einen 111 Meter langen Wollfaden hinter sich her. „Warum ziehst du denn den Wollfaden hinter dir her?“ fragt der andere. „Warum nicht? Soll ich ihn vor mir herschieben?“